帝範

〔唐〕唐太宗 撰

齊魯書社
·濟南·

圖書在版編目（CIP）數據

帝範 / (唐) 唐太宗撰. -- 濟南 : 齊魯書社,
2024. 9. -- (《儒典》精粹). -- ISBN 978-7-5333
-4941-7

Ⅰ. D092.2

中國國家版本館CIP數據核字第20247EA571號

責任編輯　張　超　劉　晨
裝幀設計　亓旭欣

帝範

DI FAN

〔唐〕唐太宗　撰

主管單位	山東出版傳媒股份有限公司
出版發行	齊魯書社
社　　址	濟南市市中區舜耕路517號
郵　　編	250003
網　　址	www.qlss.com.cn
電子郵箱	qilupress@126.com
營銷中心	（0531）82098521　82098519　82098517
印　　刷	山東臨沂新華印刷物流集團有限責任公司
開　　本	880mm × 1230mm　1/32
印　　張	3.5
插　　頁	2
版　　次	2024年9月第1版
印　　次	2024年9月第1次印刷
標準書號	ISBN 978-7-5333-4941-7
定　　價	36.00圓

《〈儒典〉精粹》出版説明

《儒典》是對儒家經典的一次精選和萃編，集合了儒學著作的優良版本，展示了儒學發展的歷史脉絡。其中，《義理典》《志傳典》共收録六十九種元典，由齊魯書社出版。鑒於《儒典》采用套書和綫裝的形式，部頭大，價格高，不便於購買和日常使用，我們决定以《〈儒典〉精粹》爲叢書名，推出系列精裝單行本。

叢書約請古典文獻學領域的專家學者精選書目，并爲每種書撰寫解題，介紹作者生平、内容、版本流傳等情况，文簡義豐。叢書共三十三種，主要包括儒學研究的代表性專著和儒學人物的師承傳記兩大類。版本珍稀，不乏宋元善本。對於版心偏大者，適度縮小。爲便於檢索，另編排目録。不足之處，敬請讀者朋友批評指正。

齊魯書社

二〇二四年八月

《〈儒典〉精粹》書目（三十三種三十四册）

孔氏家語
荀子集解
孔叢子
春秋繁露
春秋繁露義證
鹽鐵論
新序
揚子法言
白虎通德論
潛夫論
中説
太極圖説　通書
龜山先生語録
張子語録
傳習録
張子正蒙注
先聖大訓
近思録
四存編
孔氏家儀
帝範
帝學
温公家範
文公家禮
聖門禮樂誌
東家雜記
孔氏祖庭廣記
伊洛淵源録
伊洛淵源續録
國朝漢學師承記
國朝宋學淵源記
孔子編年
孟子年表

解題

帝範四卷，唐太宗撰，清乾隆武英殿聚珍版本

李世民即唐太宗，唐高祖李淵次子，唐代杰出的政治家、軍事家，爲中國歷代帝王中『賢君』之表率，文治武功俱全。其在位時，虛心納諫，勸課農桑，休養生息，對内開『貞觀之治』，對外開疆拓土，平定諸部，享『天可汗』尊號。貞觀二十三年（六四九）駕崩於含風殿，享年五十二歲，在位二十三年，廟號太宗，葬於昭陵。

是書撰於貞觀二十二年（六四八），賜於太子教其以帝王之訓誡規範，故曰『帝範』。李世民在書前自序中歷述前代聖主賢君之功，又總結自身篳路藍縷之艱，因太子年幼『未辨君臣之禮節，不知稼穡之艱難』，故而『披鏡前蹤，博覽史籍，聚其要言，以爲近誡云耳』，因成此書。全書分四卷，共十二篇，第一篇爲君體、第二篇爲建親、第三篇爲求賢，此三篇屬第一卷；第四篇爲審官、第五篇爲納諫、第六篇爲去讒，此三篇屬第二卷；第七篇爲誡盈、第八篇爲崇儉、第九篇爲賞罰，此三篇屬第三卷；第十篇爲務農、第十一篇爲閱武、第十二

文化的重要文獻，其中强調了爲君的多方面素養，既有外在爲政，又有内在修身，亦被太宗之後的諸多君臣奉如圭臬，如武則天仿《帝範》編撰《臣範》，朱棣仿《帝範》著《聖學心法》等。

該書在唐時即有賈行、韋公肅二家注，《舊唐書·經籍志》載：『《帝範》四卷，太宗撰，賈行注。』《敬宗紀》亦載，寶歷二年（八二六）『辛未，秘書省著作郎韋公肅注太宗所撰《帝範》十二篇』。宋時，此書與《論語》《孝經》同列爲皇帝備覽，亦被《玉海》《資治通鑑》等徵引，惜後佚其半。在元時由吴萊於雲安得其全璧，明代收入《永樂大典》中。此『殿本』《帝範》實由輯自《永樂大典》的『四庫本』另行刊刻，且經過整理而存在校改。

陳鍇

目録

帝範卷四

帝範

提要

臣等謹按帝範十二篇唐太宗貞觀二十二年撰以賜太子新舊唐書皆云四卷晁公武讀書志僅載六篇陳振孫書錄解題亦題曰一卷元吳萊謂征雲南僰夷時始得完書攷其事在泰定二年蓋此書宋佚其半元乃復完也唐書藝文志載有賈行注而舊唐書敬宗本紀稱寶歷二年秘書省著作郎韋公肅注是書以進特賜錦綵百匹是唐時

已有二注今本注無姓名觀其體裁似唐人注經之式而其中時稱楊萬里呂祖謙之言疑元人因舊注而補之其援引頗詳洽而詞不免於煩贅臣等謹爲參攷其誤附列注文之下仍依舊史釐爲四卷以復其舊云乾隆三十八年四月恭校上

總纂官編修臣紀昀

郎中臣陸錫熊

纂修官編修臣林澍蕃

帝範序

唐太宗文皇帝撰

序曰序次也又述也日者發語之辭朕聞大德曰生易繫辭曰天地之大德曰生言天地之盛德在平生物也大寶曰位易繫辭曰聖人之大寶曰位言聖人大可寶貴者在於位耳寶是重貴之物爲天子蒑以加矣故稱大寶也辨其上下樹之君臣曲禮曰君臣上下非禮不定辨別也樹立也所以撫育黎元封禪文曰受厚福以浸黎元撫慰勉安之也黎衆也漢文帝詔曰以至天下元元之民師古曰元元善意也鈞陶庶類董仲舒賢良策曰上之化下下之從上猶泥之在鈞唯甄者之所爲鄒陽曰獨化陶鈞之上師古曰陶家謂轉者爲鈞蓋取周迴調鈞耳言聖王制馭天下亦猶陶人轉鈞也自非克明克哲允武允文梁武帝立太子詔曰今岱宗牢

落天步艱難滄風猶鬱黎民未乂自非克明克哲允文允武豈能荷神器之重嗣龍圖之尊克能也允信也

皇天眷命 尚書大禹謨曰皇天眷命奄有四海爲天下君皇大也毛詩傳曰尊而稱之則稱皇天眷顧念也謂天命歸之也○

歷數在躬 論語堯曰咨爾舜天之歷數在爾躬按注尊而稱之稱當作君歷數天道也言天道在汝身也

安可以濫握靈圖叨臨神器 東都賦曰術協河圖之靈故云靈圖乃帝王符應也老子曰天下神器不可爲也爲者敗之韋昭曰神器天子璽符服御之物亦帝位也此言握靈圖臨神器者必有明哲武文之姿天命歷數之應

是以翠媯薦唐堯之德 龍魚河圖曰堯時與羣賢到翠媯之川大龜負圖來投堯堯敕臣下寫取告瑞應寫畢龜還水中媯居爲切

元圭錫夏禹之功 尚書禹貢曰禹錫元圭告厥成功疏曰水之功盡加于四海以禹功如是故帝賜以元色之圭告其能成天之功以元爲天之色天謂之元故以元色圭以彰顯之也

丹字

呈祥周開八百之祚　中候感應云文王受命有赤雀啣丹書入豐止於昌戶再拜稽首受八百者尚書運期授引河圖曰蒼帝之治八百二十歲立戊午蔀注云周文王以戊午蔀二十九年受命後終八百餘年開興也祚國祚又位也○按中候云入豐鄗止于昌戶乃拜稽首受最

素靈表瑞漢啟重世之基　高帝紀曰高祖被酒夜行徑澤中令一人前行前者還報曰有大蛇當道徑願還高祖醉曰壯士何畏乃前拔劍斬蛇蛇分爲兩道開行數里醉困臥後人來至蛇所有一老嫗夜哭人問嫗何哭嫗曰人殺吾子人曰嫗子何爲見殺曰吾子白帝子也化爲蛇當道今者赤帝子斬之故哭乃以嫗爲不誠欲苦之嫗因忽不見今云素靈卽白帝子也重世者謂前後兩漢二十四帝共四百年天下也

由此觀之帝王之業非可以力爭者矣　王命論曰帝王之祚必有明聖顯懿之德豐功厚利積累之業以神器有命不可以智力求以此詳之自堯禹周漢以來興業之君皆有符命豈許以智力爭

奪而得者乎**昔隋季版蕩**版毛詩作板凡伯刺厲王詩篇名也反也反先王之道也蕩者召穆公刺厲王詩篇名也蕩蕩者言蕩蕩蕩然法度廢壞也厲王無道壞滅法度言蕩蕩然廢壞今云板蕩是合二詩之篇名目之也以隋文創業纔至煬帝荒淫暴虐又過于厲王者矣故亦曰板蕩耳**海內分崩**論語曰分崩離析又華譚策曰臣聞漢末分崩英雄鼎峙言四海之內分裂崩壞**先皇以神武之姿**謂高祖也高祖諱淵周上柱國李虎之孫唐公李昞之子也襲封唐公始爲太原留守後受隋禪改元武德廟號高祖言高祖有神明武畧之雄姿**當經綸之會**易屯卦大象曰君子以經綸解繇棼者綸之經之君子經綸以解屯難也凡事有未決反復思念亦經綸之象蓋謂天造草昧之時也會猶際也**斷靈蛇而定王業啓金鏡而握天樞**斬靈蛇者是借漢祖之事以喻禎祥也按唐諸志籍高祖未嘗有斬蛇之事啓金鏡者金鏡喻光明之道也考靈曜曰秦失金鏡魚目入珠注云金鏡喻

明高祖當煬帝之賊虐暴陵天下昏暗至甚也高祖撥
天河洗甲兵宇宙妖氛一滌而淨豈非開光明之道哉
啓開也亦猶隋失金鏡高祖得而啓之也謂重開清明
之道也天樞天機握天樞猶得天機也握持也○撥秦
失金鏡二句出尚書帝命驗此作考靈曜似誤**然由五嶽含氣**五嶽泰華衡嵩恒泰山者山之
尊一日岱宗岱始也宗長也萬物之始陰陽交代故爲
五嶽長王者受命恒封禪之華者變也萬物成變由於
西方衡一名霍言萬物霍然大也嵩高也言高大也恒
常也萬物伏北方有常也五嶽含氣謂鬱而未清也
三光戢曜三光日月星戢曜謂隱而不明**豺狼尚梗**文子曰所爲立君者以禁暴亂也夫
養禽獸者必除豺狼也豺狼尚梗謂羣雄相逐更相呑
噬爲民人害故喻以爲豺狼也豺狼能食禽獸害也
風塵未寧言天下戰爭四邊之風塵未安息耳**朕以弱冠之年**曲禮曰二十曰弱冠
孔氏曰二十成人雖加冠體猶未壯故曰弱至二十九
通冠弱冠蓋太宗十八歲典義兵二十四定天下故稱

弱冠之年冠去聲懷慷慨之志懷抱也慷慨倜儻也心之所之謂志思靖大難以濟蒼生思念也靖安也言思念靖安天下莫大之患難以救濟下民難奴案反躬擐甲冑親當矢石前漢薄昭予淮南厲王書曰高帝沐風雨赴矢石野戰攻城身被瘡痍以爲子孫萬世之業躬身也擐被也被甲冑謂之擐在身曰甲在首曰冑當抵也矢石謂箭礮也言身自被擐甲冑當抵矢石英果雄勇如此擐胡慣反夕對魚鱗之陣朝臨鶴翼之圍前漢陳湯傳曰步兵百餘人夾門魚鱗陳師古曰言其相接次形若魚鱗莊子徐無鬼曰君亦必無盛鶴列于麗譙之間注曰鶴列陳兵也麗譙高樓也魚鱗鶴翼皆陳兵之形勢也敵無大而不摧兵何堅而不碎兵法曰小敵之堅大敵之禽也言敵雖強大必能挫之兵雖堅固必能破之摧挫也碎破也剪長鯨而清四海剪削也剗盡兇毒清淨四海爾雅謂九夷八狄七戎六蠻謂之四海海晦也取荒遠

冥昧之稱也鯨大魚也六代論曰掃除凶逆剪滅鯨鯢
又左傳楚子曰古者明王伐不敬取其鯨鯢而封以爲
大戮杜預曰鯨鯢大魚以吞
食小魚者以喻不義之人也
掃欃槍而廓八紘
欃槍星
名欃槍妖星
也八紘淮南子曰九州之外乃有八夤八夤之外乃有
八紘言掃除去妖星展廓其八紘也廓展也掃除也
欃初咸反
槍楚耕反
乘慶天潢
魏王固表曰王孫公子不鏤自雕
非鸞則鳳分枝若木疏派天潢潢
天河也謂乘履慶祥高
遠之泒流潢音黄
登暉璇極
梁簡文帝謝爲皇太
子表曰臣以毓慶雲
霄憑暉璇極璇極謂寶位也登升也暉顯也○
襲重光
按上二句文苑英華作既承祐天潢澄清璇極
之永業繼大寶之隆基
易離卦大象曰明兩作離大人
以繼明照于四方鄭康成曰作
起也明明相繼而起大人重光之象堯舜禹文武之盛
也又崔豹古今注曰明帝時爲太子樂府辭云日重光
月重輪山重暉海重潤重光是太子之事也已上皆太
宗自敘本末謂險阻艱難備嘗之矣方始正儲宮繼登

寶位○按大寶文苑英華作寶籙注山當作星**戰戰兢兢若臨深而御朽**詩小雅云戰戰兢兢如臨深淵書五子之歌曰懍乎若朽索之馭六馬言我雖功業如此自即位以來猶常恐懼戒慎如臨淵馭朽耳太宗可謂居安慮危善守成者也**日慎一日思善始而令終**言我一日戒謹加如一日惟恐不得盡善始終之美也**汝以幼年偏鍾慈愛**汝爾也鍾聚也謂太子以少年獨鍾於父母之慈愛**義方多闕**左傳曰教之以義方義宜也裁置事物合宜謂之義方正也**庭訓有乖**論語孔子嘗獨立鯉趨而過庭曰不學詩無以言不學禮無以立鯉退而學詩學禮此庭訓之道也乖違也言於此庭訓之多有闕違**擢自維城之居**詩云懷德惟寧宗子維城維城藩障也蓋太子始封於晉也**屬以少陽之任**梁簡文帝上昭明太子箋曰正少陽之位主承祧之責少陽東方也天子居正陽故太子居少陽也晉王於貞觀七年遙領并州都督十七年太子承乾

廢而魏王泰次當立亦以罪黜乃立治爲皇太子故曰擢自維城之居屬以少陽之任也任位也未辨

君臣之禮節左傳曰君臣有禮禮記曰禮不踰節不知稼穡之艱難尚書無逸曰厥子乃不知稼穡之艱難種曰稼斂曰穡此言太子生長深宮安能知民之疾苦故以此儆之也朕每思此爲憂未嘗不廢寢忘食太宗言我嘗以此爲憂懼寢不安席食不甘味自軒昊已降迄至周隋軒昊者三皇五帝也其詳注見於納諫篇此言上自三五下至于今以經天緯地之君纂業承基之主興亡治亂其道煥焉荀悅漢紀序曰昔在上聖惟建皇極經緯天地觀象立法經緯開創者也纂承守成者也縱曰經橫曰緯又南北爲經東西爲緯言於中興亡治亂之道煥然明白可見者○按注引荀悅語乃漢紀高帝紀序非漢紀序文所以披鏡前蹤博覽史籍聚其要言以爲近誡云耳言我

是以開明前古君臣興亡治亂之實跡廣觀經史傳籍採酌其要領可法之格言以為切近之鑒戒者矣○按覽文苑英華作採

帝範卷一

唐太宗文皇帝撰

帝者天之一名以形體謂之天以主宰謂之帝帝者諦也言天蕩然無心忘于物我公平通遠舉事審諦故謂之帝又曰察道者帝又三皇五帝三王或曰帝既天之一名而以三皇居先是優於帝而過於天耶曰三皇不能過天但優於帝矣何以爲優以遂同天之名以爲優劣耳何則以五帝有爲而同天三皇無爲而同天以有爲無爲故知三皇優也或曰三王抑劣於帝乎曰三王雖實聖人但內同天而外隨時運不得盡其聖用逐迹爲名故謂之爲王也禮運曰大道之行天下爲公卽帝也大道既隱各親其親卽王也三王亦一順帝之則而不盡故不得名帝然天之與帝義爲一也故繼天而則謂之天子其號謂之帝總三而論之以帝得其中正矣皇者天也美也王者大也天地人以一貫

三爲王天下所法也　王按左氏傳並音于況反
範法也言可以爲帝王之法式故名之帝範以
漢孔安國尚書序曰典謨訓誥誓命之
文凡百篇示人主以軌範也其義同

君體第一

君白虎通曰君者羣也羣下所歸心又荀卿曰君
者儀也民者影也儀正則影正君者盤也民者水
也盤圓則水圓君者源也源清則流清源濁則流
濁左傳云慶賞刑威曰君體者治體也君之所治
體勢規模第者次第也一者數也始也萬物得一
以生老子曰聖人抱一爲天下式故君體爲第一
也○按荀子無民者影也民者水也
二語又君者源也作君者人之源也

夫夫音扶語辭後放此人者國之先易曰有天地然後有萬物有萬物然後有男女有男女然
後有夫婦有夫婦然後有父子有父子然後有君臣有
君臣然後有上下有上下然後禮義有所錯故大學曰有
有人此有土所以人者國之先也先者前也凡在前者謂之先國者君之本國者域也域者居也

人民所聚居欲爲君者能以德和民民人樂爲之用乃
可以爲國苟不以德和民人民離散而不附雖欲爲君
得乎故聖人云得衆則得國失
衆則失國所以國者君之本也
人主主卽君也領也主領庶衆**之體**
如山嶽焉高峻而不動東漢仲長統傳曰德重如山嶽山者謂四鎭山之重大者也揚
州之會稽山青州之沂山幽州之醫無閭山冀州之霍
山嶽謂五嶽泰華衡嵩恒也詳見前序注言人君之體
當如山嶽之尊崇巍
然鎭靜故云不動
如日月焉貞明而普照易曰日月之道貞明
者也言若日月正一自然之明晝夜更迭不息於至高
至極之上普徧照燭在下之萬物自然貞一無私向者
唯日月焉人君照臨萬方之衆務
故取法日月貞明之象耳貞正也
兆庶之所瞻仰十萬曰億
十億曰兆庶衆也凡人君有動作兆
億庶衆咸瞻仰以爲則而行之也
天下之所歸往易乾
鑿度曰王者天下所歸四海之內曰天下孟子曰伯夷
辟紂居北海之濱聞文王作興曰盍歸乎來吾聞西伯

善養老者太公辟紂居東海之濱聞文王作興曰盍歸乎來吾聞西伯善養老者二老者天下之大老也而歸之是天下之父歸之也天下之父歸之其子焉往此二者歸往之明效焉故太宗曉之**寬大其志**

足以兼包志心之所之也人君之志當寬裕廣大與天地同德包括其區宇涵容庶物**平正其心足以制斷**大學曰所謂修身在正其心者心有所忿懥則不得其正有所好樂則不得其所正有所憂患則不得其正有所恐懼則不得其正此言人君心不平正則是非不明心若平正則是非明矣以此制斷事物物自得其宜矣**非威德無以致遠**班固典引曰威靈行於鬼區注云鬼區遠方也威德者非窮兵黷武慘酷之暴乃應天順民以征不義故能令行禁止天下畏服無遠而不至也**非慈厚無以懷人**孔子曰慈可以服衆又書曰安人則惠黎民懷之慈惠愛也懷安保也謂王者撫綏兆民若非慈愛廣厚則成小惠故云非慈厚無以懷民**撫九族以仁**虞書堯典曰克明俊

德以親九族歐陽夏侯氏謂九族者父族四五屬之內爲一族父女昆弟適人者與其子爲一族己女昆弟適人者與其子爲一族己之子適人者與其子爲一族母族三母之父姓爲一族母之母姓爲一族母之昆弟適人者爲一族妻族二妻之父姓爲一族妻之母姓爲一族又唐孔氏說九族者上從高祖下至元孫凡九族皆爲同姓二說不同故並存之太宗言此九族之親長者安之少者懷之愛之勿可驕慢驕慢則離而相怨矣自天子至于庶人惟九族不可不撫愛詩曰綿綿葛藟在河之滸終遠兄弟謂他人父謂他人父終莫我顧此刺平王失禮于親戚也可不誠哉

接大臣以禮論語曰君使臣以禮中庸曰敬大臣也體羣臣也又曰敬大臣則不眩體羣臣則士之報禮重

奉先思孝尚書太甲曰奉先思孝以念祖德爲孝先祖先也中庸曰善繼人之志善述人之事者也奉父勇切

處位思恭太甲篇曰接下思恭以不驕慢爲恭下臣下也處上聲

傾己勤勞以行德義傾猶抑也己我也卽虛己之義不以我爲

尊不以我爲貴不以我爲才不以我爲智當以孜孜不倦於德義耳勤孜孜也勞事功曰勞德者得也得之於道之謂德義事之宜也裁制事物合宜之謂義**此乃君之體也**言若能行此是乃爲君之大體矣

建親第二

左傳曰封建親戚以蕃屏周室親骨肉也言有天下者宜樹立藩鎮骨肉分置之於內外以相與維持庶無孤削單弱之患夫水之無本縱築而亦涸木之無柢縱溉而亦焦大廈將興資衆材而後可成千間之廣大鵬將翥藉短羽而後可揚萬里之遠人君欲爲國享萬世無疆之休者豈可獨立任其智力者乎左傳曰葛藟猶能庇其本根故君子以爲比況國君乎固宜建親建親之道不特骨肉之謂也至如賢德忠純明哲通才之君子建而親之孰曰不可

夫六合曠道六合謂天地四方之對曠遠也道猶路也言天地四方是曠遠至廣至大之道耳**大寶重任**天子大寶是至極至尊之位也重極也**曠道不可偏制故與人共理之重任不可獨居故與人共守之**五等諸侯論曰夫先王知帝業至重天下至曠曠不可以偏制重不可以獨任任重必於借力制曠終乎因人故設官分職所以輕其任也並建五長所以宏其制也又六代論曰先王知獨治之不能久故與人共治之知獨守之不能固故與人共守之所以項羽自任而亡沛公任人而興也太宗雍容慶享貞觀之至治用是理矣**是以封建親戚以爲藩衛**傳曰封建親戚以藩屏周室**安危同力盛衰一心**書曰乃一德一心立定厥功惟克永世言同心同德立功則能長世安民也**遠近相持親疏兩用**郭伋諫光武曰無專用南陽人**并兼路塞逆節不生**六代論曰并兼路塞逆節不生并兼謂交

相侵劫逆節謂不尊王命也如是所以尙其分封裂建親戚以爲藩籬衛尉之其盛也一其心而養之其衰也一其心而救之如此遠近各能維固更加親踈兼任縱然有幷兼之門路亦可閉之而不能開矣縱然有悖逆之隙節亦可以沮遏而不得長矣○按注所以尙其至衛尉之一句疑有悅誤**昔周之興也割裂山河分王宗族**武王既定天下封武王弟振鐸于曹封太師呂望于齊餘皆有封**內有晉鄭之輔**晉始以唐名成王母弟叔虞封於此其地有晉水叔虞之子爕父改之故號晉鄭始以宣王母弟桓公友封於鄭輔助也**外有魯衛之虞**衛者周公既誅管蔡封其弟康叔號孟侯魯者周公子伯禽封於魯虞防也**故卜祚靈長歷年數百**左傳王孫滿曰成王定鼎于郟鄏卜世三十卜年七百故曰卜祚靈長也此謂周之所以興者爲封建親戚也**秦之季也**季猶末也**棄淯于之策**秦紀始皇三十四年置酒咸陽宮博士僕射周青臣等頌稱始皇威德齊人淯

于越進諫曰臣聞之殷周之王千餘歲封子弟功臣自爲支輔今陛下有海内而子弟爲匹夫卒有田常六卿之臣無輔弼何以救哉事不師古而能長久者非所聞也今青臣等又面諛以重陛下過非忠臣也始皇下其議丞相丞相謬其說紕其辭**納李斯之謀**丞相李斯破議濟于策曰周文武所封子弟同姓甚衆然後屬疏遠相攻擊如仇讐諸侯更相誅伐周天子弗能禁始皇竟從其議○按李斯議乃駮丞相綰等非爲淳于越言破字亦疑誤**不親其親獨智其智**中庸曰愚而好自用賤而好自專生乎今之世反古之道如此者烖及其身者也又列子曰治國之難在于知賢而不在自賢書曰自用則小是也**顛覆莫恃二世而亡**始皇至胡亥纔二世耳顛頹也覆敗也此謂秦之所以亡者爲分置郡縣也覆方福切**斯豈非枝葉不疎則根柢難拔**晉紀總論曰基廣則難傾根深則難拔夫根本鞏固枝葉榮茂不疎者榮茂也既枝葉榮茂是根本鞏固矣既根本鞏固則未易提拔也柢

都禮切本也**股肱既殞則心腹無依者哉**書曰元首明哉股肱良哉庶事康哉元首叢脞哉股肱惰哉萬事墮哉君者元體也臣者股肱也君之有臣譬人之一身有手臂也凡欲有爲必資手臂以運用手臂既傷雖心腹欲有爲無所倚藉也何能運用哉故曰股肱既殞則心腹無依殞傷也墮許規反**漢初定關中**謂漢高帝**誠亡秦之失策**秦以孤立而亡故云失策**廣封懿親**高祖初定天下因秦之失大封懿親以帝從父兄劉賈封爲荊王以從祖兄弟劉澤封爲燕王兄劉仲爲代王同父少弟劉交爲楚王凡同姓爲王者九國**過於古制**周封爵五等公侯伯子男公地方五百里其次侯四百里其次伯三百里其次子二百里其次男百里其分封之古制也**大則專都偶國小則跨郡連州**漢紀自鴈門太原以東至遼陽爲燕代國常山以南太行左轉度河濟阿甄以東薄海爲齊趙國自陳以西南至九疑東帶江淮穀泗薄會稽爲梁楚吳淮南長沙國皆外接於胡

越內地北距山以東盡諸侯地大者或五六郡連城數
十置百官宮觀僭於天子漢獨有三河東郡潁川南陽
自江陵以西至蜀北自雲中至隴西與內史凡十五郡
而已左傳曰嬖子配適大都偶國亂之本也又坊記曰
故制國不過千乘都城不過百雉家富不過百乘以此
坊民諸侯猶有叛者況以如此過制甯有不亂乎　適
音嫡○按注漢　**末大則危尾大難掉**　左傳曰末大必折
紀當作史記　尾大不掉此謂諸
侯地廣而强帝室弱而見侵如末大根小必折尾大身
小難掉且尾在于身者也欲掉之尚猶不從其心況諸
侯强盛且非己體之尾何掉哉
謂難以禁止也　掉徒弔切　**六王懷叛逆之志**　六王謂楚
王戊趙王遂膠西王卬濟南王辟光
淄川王賢膠東王雄渠約從共謀反　**七國受鈇鉞之誅**
七國謂吳楚趙濟南　**此皆地廣兵彊積勢之所致也**　高祖
淄川膠東膠西也
封以齊七十二城楚四十城吳
三十城餘各有等差是地廣也　**魏武創業**　魏武曹操也
操本譙人獻

帝時封魏王其子丕受**暗於遠圖**魏武只知漢過不知漢禪是爲文帝創初也秦失漢封雖過至四百年始失天下殊不知秦二世而亡故云暗於遠圖也**子弟無封戶之人宗室無立錐之地**莊子曰堯舜有天下子孫無置錐之地魏時子弟宗室但封之一位不與其土擁虛名而已**外無維城以自固內無磐石以爲基**在外無藩維之城以爲固保內無大盤之石以爲基址盤者大也又柱下之石也謂柱下既無磐石以爲基址承載棟梁則必易爲頹陷屋有磐石猶有懿親賢臣也屋有磐石則固君有賢臣則安故荀子曰國安于磐石又漢書宋昌曰高帝王子弟犬牙相制所謂磐石之宗也言萬國相連以固王室如大石之不可轉動也○按盤磐通**遂乃大器保於他人社稷亡於異姓**老子曰國之利器不可示人大器謂君之權位言魏不自保其權位太阿倒持削弱滋甚竟以天下付於他人終於異姓奪之耳異姓謂司馬氏魏禪位與司馬氏是爲

晉語曰（古人之語也）流盡其源竭條落則根枯此之謂也（六代論曰夫泉竭則流涸根朽則葉枯枝繁者蔭根條落者本枯夫水無活源則其流易盡故孟子曰七八月之間雨集溝澮皆盈其涸也可立而待流盡源竭謂水無本也○按文選本枯作本孤）夫封之太彊則爲噬臍之患（左傳莊六年楚文王伐申過鄧祁侯曰吾甥也止而享之騅甥聃甥養甥請殺楚子鄧侯弗許三甥曰亡鄧國者必此人也若不早圖後君噬臍其及圖之乎圖之此爲時矣鄧侯曰人將不食吾餘對曰若不從三臣抑社稷實不血食而君焉取餘弗從還年楚子伐鄧滅之噬臍言若自噬腹臍喻不可及也）致之太弱則無固本之基（弱則不能膠固根基）由此而言莫若衆建宗親而少力（賈誼說文帝曰諸侯彊盛長亂起姦夫欲天下之治安莫若衆建諸侯而少其力令海內之勢若身之使臂臂之使指則下無背叛之心上無誅伐之事）使輕重相鎮

輕重謂大小之國也憂樂是同六代論曰共其樂者人必憂其憂同其安者人必拯其危則上無猜忌之心下無侵冤之慮此封建之鑒也無過不及之謂中不偏不倚之謂正太強則張太弱則弛若隨時處宜得其中正而居之其衅罅自塞萌芽不生奸邪禍亂從何而出哉自是在上者絕嫌猜疑忌之意矣既嫌猜疑忌絕矣則爭端怨由不起而疾害不生矣則上下和合而侵陵冤枉之機除矣如此方爲封建之昭鑒也斯二者安國之基斯二者謂損其太強益其太弱執其中道乃是安治國家之基本君德之宏唯資博達董仲舒賢良策曰今陛下并有天下海內莫不率服廣覽兼聽極羣下之知盡天下之美至德昭然施於方外此爲宏德之資也設分懸教以術化人術法也法可以治民故張設明分懸示教令使民不敢犯也設張也分分名分也懸示也教令也　分扶問反應務適時以道制物道理也理可以御物故應決事以

務適當時宜使物得其所也務事物也適當也**術以神隱爲妙**術者不易之法兆民之所遵也故當神隱使民莫測則爲妙矣若非神隱民或竊玩其法亂矣**道以光大爲功**道者乃無窮之理萬物之所由也故當光大使物不遺則爲功矣若非光大物或失照其理陋矣**括蒼旻以體**

心則人仰之而不測記曰天子者與天地參故德配天地兼利萬物與日月並明明照四海而不遺微小蒼旻天也言人君當總括其天以質我之心則人仰望之而不得以窺測謂無物我之界以至大至公也**包厚地以爲量則人循之而無端**坤爲地地底也其體底下載萬物也易坤卦大象曰地勢坤君子以厚德載物言人君度量當如廣厚之地無所不包容則人循依之而不得其端涯也謂無憎愛之限至寬至貞也**蕩蕩難名宜其方遠**語曰大哉堯之爲君也巍巍乎唯天爲大唯堯則之蕩蕩乎民無能名焉人君既能以天爲心以地爲量豈不宏遠哉**且敦穆**

九族敦重也穆和也放勳流美於前放勳帝堯名又放
九族見前篇注效也勳功也書曰
放勳欽明文思安安允恭克讓光被四表格于上下克
明俊德以親九族九族既睦言堯聖德又能親睦九族
流布美善之道在于前克諧烝乂重華垂譽於後重華
爾可則之　放上聲帝舜
名克能也諧和也烝進也乂善也書曰重華協于帝華
謂文德言其光又重華合于帝堯謂俱聖明也又曰克
諧以孝烝烝乂不格姦言帝舜有嚚母頑父傲弟能和
諧以孝使進之于善自不至于奸惡也此克諧烝乂帝
舜垂美譽在于無以奸破義無以疎間親左傳曰遠間
後爾可法之親淫破義所
謂六逆也間謂居其間使破疎遠察之以德則邦家俱
也破謂破散淫謂邪淫間去聲
泰骨肉無虞良爲美矣凡事事萬物審察必合于道德
庶幾邦家盡得泰安并近親之
間亦可保無疎虞如此
則實爲大善矣美善也

求賢第三

周書陰符曰凡治國有三常一曰君以舉賢爲常二曰官以任賢爲常三曰士以敬賢爲常夫然雖百代可知也故孟子曰堯舜之仁不偏愛人急親賢也是以知聖人之言不徒發也苟賢人在野小人在朝縱欲以仁偏愛人亦狹矣惟急親賢而牧之天下俱得其所也用賢人則邦家泰用小人則邦家否其泰否之一吉一凶在易焉泰之象辭曰泰小往大來吉亨則是天地交而萬物通也上下交而其志同也内陽而外陰内健而外順内君子而外小人君子道長小人道消也泰之時天地交萬物通天地之極治也上下交其志同天下之極治也極治之功幽至於天地明至於人物無不泰而通焉孰爲此者聖人也聖人何道臻此一言以蔽之曰進君子退小人而已消之長之在彼内之外之在此又初九曰拔茅連茹以其彙征吉夫一茅拔衆根隨一賢舉衆俊歸堯舉一舜乃得十六

舜舜舉一禹乃得九禹所謂彙征吉者此也至否之彖辭曰否之匪人不利君子貞大往小來則是天地不交而萬物不通也上下不交而天下無邦也內陰而外陽內柔而外剛內小人而外君子小人道長君子道消也楊誠齋曰易中極亂之辭未有痛於否之彖者匪人一用何遽至於天地不交而萬物不通上下不交而天下無邦乎萬物不通則舉天下而爲墟天下無邦則舉國家而爲墟小人之禍何若是烈也蓋秦之亡于李斯上書之日漢替于張禹談經之時咸陽之煨燼始皇之塗炭何必見而後悟哉此說深得旨矣天地之氣不交則萬物無生成之理上下之義不交則天下無邦國之道建邦國所以爲治也上施政以治民民戴君而從命上下相交所以治安也今上下不交是天下無邦國之道也陰柔在內陽剛在外君子往處于外小人來處于內小人道長君子道消之時六二六三包承包羞小人柔諂之資不中不正並包羣小而爲宗相援相引濫謀邪慮何所不至也如

林甫仙客許史石顯鄭明五鹿極小人之情狀以喪國危君此小人之烈酷更有何加焉嗚呼聖君觀此否泰安危之道可不愼歟可不誡歟是不可不求賢也能求賢則必得君子荀子曰天地生君子君子理天地君子也天地之參也萬物之統也民之父母也無君子則天地不理禮義不統上無君師下無父母夫是之謂至亂如用及君子必至泰矣

夫國之匡輔必待忠良書曰佑賢輔德顯忠遂良匡正也輔弼也不欺之謂忠爲善之謂良夫國之匡輔上佐一人中總百官下撫兆民其任重矣若非忠良欲臻至化未之有也**任使得人天下自治**昔魯哀公問政孔子對曰文武之政布在方策其人存則其政舉其人亡則其政息此之謂也得人則治失人則亂**故堯命四岳**堯典帝曰咨四岳四岳官位如三公堯時舜爲之舜時禹爲之**舜舉八元**左傳曰昔高辛氏有才子八人忠肅恭懿宣慈惠和天下之民謂之八元舜臣

堯舉八元使布五教于四方五教者父義母慈兄友弟恭子孝五常之教八元伯奮仲堪叔獻季仲伯虎仲熊叔豹季貍也**以成恭己之隆**論語子曰無爲而治者其舜也與夫何爲哉恭己正南面而已矣此謂舜舉八元而任之故能成其恭己之隆也**用贊欽明之道**堯典曰若稽古帝堯曰放勳欽明文思安安此謂堯命四岳而任之故能贊其欽明之道**士之居世賢之立身**漢志曰學以居位曰士士者事也通合古今事務曰士春秋繁露曰人之清者爲賢**莫不戢翼隱鱗待風雲之會**任昉敦勸梁王令曰在昔晦明隱鱗戢翼博通羣籍而讓齒乎一卷之師劒氣陵雲而屈跡於萬夫之下又班固賓戲曰卒不能擄首尾奮翼鱗振拔洿塗跨騰風雲又云躡風雲之會言士賢未遇藏器待時亦猶鱗翼以待風雲也○按注躡風雲之會文選作風塵**懷奇蘊異思會遇之秋**漢梅福上書曰天下之士雲合歸漢爭進奇異今謂懷奇蘊異必待有所求者故思會遇也所以思

會遇者非汲汲於自衒也禮記曰麤而翹之又不急爲也其是之謂與**是明君旁求俊乂**書曰旁招俊乂又曰旁求俊彥晉阮种曰旁求俊乂以輔至化此誠堯舜之用心也北史蘇綽傳曰萬人之秀謂之俊**博訪英賢搜揚側陋**堯曰明明揚側陋又漢元帝詔曰延登賢俊招顯側陋北史蘇綽傳曰千人之秀曰英側陋者隱僻鄙陋之處夫俊賢之處世也懷寶韞玉不肯自售於時是以旁求博訪者惟明君爲能耳**不以卑而不用不以辱而不尊**卑下也辱汙也自三代以來明君聖主求訪賢俊惟在野無遺賢共成無爲之化何嘗擇其貴賤哉古今用卑辱之事下文自明**昔伊尹有莘之媵臣**伊尹名摯力牧之後生於空桑又呂氏春秋曰伊尹有侁氏女採得嬰兒于空桑後居伊水命曰伊尹故耕有莘之野後爲有莘氏媵臣有莘氏列女傳云湯妃有莘氏之女也**呂望渭濱之賤老**呂望呂氏春秋曰東夷之士也案史記太公呂尚者陳海上人其先祖嘗爲四

嶽佐禹平水土甚有功虞夏之際封于呂或封於申姓姜氏夏商之時申呂或封支庶子或爲庶人尚其後苗裔也本姓姜氏從其封姓故曰呂尚蓋嘗窮困年老矣以漁釣干周西伯西伯將出獵卜之曰所獲非龍非彲非虎非熊所獲霸王之輔於是周西伯獵果遇太公於渭之陽與語大說曰向吾先君太公曰當有聖人適周周以興子真是耶吾太公望子久矣故號之曰太公望載與俱歸立爲師伊尹呂望卑賤者也○按注支庶子下脫孫字

夷吾困於縲紲 魯仲連曰管仲不恥身在縲紲之中而恥天下之不治案史記管仲字夷吾潁上人也少時嘗與鮑叔牙游鮑叔知其賢管仲貧困嘗欺鮑叔鮑叔終善遇之不以爲言已而鮑叔事齊公子小白管仲事公子糾及小白立爲桓公公子糾死管仲囚焉縲紲獄中黑索也

韓信辱於逃亡 漢書韓信淮陰人也家貧無行不得推擇爲吏而又不能治生爲商賈常從人寄食其母死無以葬迺行營高燥地令傍可置萬家者及項梁度淮乃杖劍從之居戲下無所知名梁沒則又屬項羽爲郎中信數

策干項羽羽弗用漢王入蜀信亡楚歸漢未得知名爲連敖坐法當斬其儕十三人皆已斬至信信乃仰視適見滕公曰上不欲就天下乎而斬壯士滕公奇其言壯其貌釋弗斬與語大說之言於漢王王以爲治粟都尉上未奇之也數與蕭何語何奇之至南鄭諸將道亡者數十人信度何等已數言上上不我用即亡何聞信亡不及以聞追之人有言上曰丞相何亡上怒如失左右手居十二日何來謁上上且怒且喜罵何曰若亡何也何曰臣非敢亡追亡者耳上曰所追者誰也曰韓信上復罵曰諸將亡者已數十公無所追追信詐也何曰諸將易得如信國士無雙王必欲長王漢中無所事信必欲爭天下非信無可與計事者顧王策安決王曰吾亦欲東耳安能鬱鬱久居此乎何曰王計必東能用信信即留不能用信終亡耳王曰吾爲公以爲將何曰雖爲將信不留王曰以爲大將何曰幸甚於是王欲召信拜之何曰王素嫚無禮今拜大將如召小兒此乃信所以去也王必欲拜之擇日齋戒設壇具禮乃可王許之諸將皆喜人人各自以爲得大將至拜乃信也一軍皆驚信已

拜上坐王曰丞相素言將軍將軍何以教寡人計策信
謝因問王曰今東鄉爭權天下豈非項王邪上曰然大
王自料勇悍仁彊孰與項王漢王默然良久曰弗如也
信再拜賀曰唯信亦以爲大王弗如也然臣嘗事項王
請言項王爲人項王喑噁叱咤千人皆廢然不能任屬
賢將此特匹夫之勇也項王見人恭謹言語姁姁姁
許于反和也 人有疾病涕泣分食飲至使人有功當
封爵刻印刓忍不能予此所謂婦人之仁也項王雖霸
天下而臣諸侯不居關中而都彭城又背義帝約而以
親愛王諸侯不平諸侯之見項王逐義帝江南亦皆歸
逐其主自王善地項王所過亡不殘滅多怨百姓百姓
不附特劫于威彊服耳名雖爲霸實失天下心故曰其
彊易弱今大王誠能反其道任天下武勇何不謀以天
下城邑予功臣何不服以義兵從思東歸之士何不散
且秦王爲秦將將秦子弟數歲而所殺不可勝計又斬
其衆降諸侯至新安項王詐坑秦降卒二十餘萬人唯
獨章邯欣翳脫秦父兄怨此三人痛于骨髓今楚以威
王此三人秦民莫愛也大王之入武關秋毫亡所犯除

秦苛法與民約三章耳秦民亡不欲得大王王秦者於諸侯之約大王當王關中民戶知之王失職之蜀民亡不恨者今王舉而東三秦可傳檄而定也於是漢王大喜自以得信晚遂聽信計後平趙燕齊并項羽遂封信爲齊王再封楚王管仲韓信汙辱者也○按漢書怒烏作意烏何不謀作何不誅斬其衆作欺其衆邯字上無章字與民約下有法字

商湯不以鼎俎爲羞　案史記阿衡欲干湯而無由乃爲有莘氏媵臣負鼎俎以滋味說湯致于王道

姬文不以屠釣爲恥　國策云太公當紂之時隱于朝歌屠牛沽酒居七年無有識者人人謂之狂夫隨復釣于渭水文王見而師之

終能獻規景亳　光啓殷朝　此指伊尹也成湯既沒太甲嗣位伊尹乃作伊訓肆命徂后咸有一德以戒之太甲不明伊尹放諸桐三年克終允德伊尹以冕服奉嗣王復歸于亳以昌湯祚故曰光啓殷朝

執旌牧野　會昌周室　此指太公也文王崩武王卽位九年欲修文王業尊太公師尚父東伐以觀諸侯集否師

渡孟津諸侯不期而會者八百國十一年正月甲子誓於牧野作牧誓王左杖黃鉞右秉白旄以麾恭行天罰一戎衣而天下大定皆太公之功也牧野商郊名齊成一匡之業實資仲父之謀史載鮑叔既出夷吾因而累進之于桓公管仲既任政于齊連五家之兵設輕重魚鹽之利以贍貧窮祿賢能齊人大說所以齊桓公九合諸侯一匡天下皆管仲之謀也隨尊爲仲父漢以六合爲家是賴淮陰之策韓信既滅項羽封爲楚王降封淮陰侯漢之滅楚以定天下不出韓信壇上一論耳故云賴其策故舟航之絕海也必假橈楫之功劉子曰故信行之於人譬濟之須舟也信之於行猶舟之待檝也將涉大川非舟何以濟之欲泛方舟非檝何以行之今人雖欲爲善而不知立行猶無舟而濟川也雖欲立行而不知立信猶無檝而行舟也故舟航必藉橈楫也假藉也航大船鴻鵠之凌雲也必因羽翮之用管仲霸形篇桓公在位管仲隰朋見立有

間有一鴻飛過桓公嘆曰仲父今彼鴻有時而南有時而北四方無遠所欲至而至焉惟有羽翼之故是能通其意於天子乎寡人之有仲父猶飛鴻之有羽翼也

帝王之爲國也必藉匡輔之

資

四子講德論曰千金之裘非一狐之腋大廈之材非一邸之木大平之功非一人之畧言帝王欲衆建邦國期廣大綿遠無疆者亦必須藉託賢才輔翼資助不然奇居孤處雖欲有爲亦無如之何也故當藉託匡輔之資矣

故求之斯勞任之斯逸

聖主得賢臣頌云君人者勤於求賢而逸於得人人臣亦然即此義也蜀先主三屈茅廬而謁孔明斯即勞也一用孔明而王蜀中斯即逸也

照車十二

史記梁惠王與齊威王田於郊惠王問曰王亦有寶乎威王曰無之惠王曰若寡人國小倘有徑寸之珠照車前後各十二乘者十枚奈何以萬乘之國而無寶乎威王曰寡人之爲寶者與王異吾臣有檀子者使守南城則楚人不敢爲寇東取泗上十二諸侯皆來朝吾臣有盼子者使守高唐則趙人不敢東漁吾臣有黔夫者使

守徐州則燕人祭北門趙人祭西門徙而從之者七千餘家吾臣有種首者使備盜賊則道不拾遺將以照千里豈特十二乘哉梁惠王慙不懌而去

黃金累千語林曰黃金累千不如一賢士**豈如多士之隆一賢之重**詩曰濟濟多士文王以寧呂氏春秋曰得地千里不如得一賢也以此言之雖得地千里之廣得不如一賢之重況其累千之金十二之珠乎此蓋爲士之君世賢之立身懷奇蘊異張本

此乃求賢之貴也韓詩外傳曰聖人求賢者以自輔尚書曰所寶惟賢有國者既不以寶爲寶故以求賢爲貴也

帝範卷一

帝範卷二

唐太宗文皇帝撰

審官第四

尙書皋陶曰都在知人在安民禹曰吁咸若時惟帝其難之知人則哲能官人安民則惠黎民懷之能哲而惠何憂乎驩兜何遷乎有苗何畏乎巧言令色孔壬穎達曰皋陶迹此修身親人之道以告禹在於知人善惡擇而信任之在於能安下民爲政以安定之也禹驚而答曰吁人君如是能知人能安民惟帝堯猶其難之況餘人乎知人善惡則爲大智能用官得其人矣能安下民則爲惠政衆則民皆歸之矣此不易之理也若帝堯能智而惠則當朝無姦佞何憂懼於驩兜之佞而放之何須遠遷徙於有苗之君何畏懼於彼巧言令色爲甚佞之人故古之明王用人必先六徵以嘗之然後任

之任人之際國之安危民之休戚繫焉故不可不審也審者謂核其實也若核而得實信使守約廉使分財官無曠職職無虛位務成而事濟矣惟人君不可不愼審其官也左傳曰舉不失職官不易方亦審官之義也

夫設官分職所以闡化宣風周禮曰惟王建國辨方正位體國經野設官分職以為民極乃立天官冢宰使帥其屬而掌邦治以佐王均邦國設官分職謂置三公六卿各有所職而百事舉也既各有所職而百事舉矣所以得闡揚德化宣布風教以齊庶物故明主之任人如巧匠之制木任用也制裁也直者以為轅轅輈也方言楚衞之間轅謂之輈言挺直之木可以為轅曲者以為輪輪謂車輪也迴旋也言宛曲之木可以為輪也長者以為棟梁屋脊曰棟負棟者曰梁長者言其大材也故用之于棟梁短者以為栱角爾雅云栱杙也

大者謂之栱栱料也桷榱也一曰屋角斜枋一曰梠也短者言其小材也故用之于栱角○按爾雅杙大者謂之栱注所引多衍文

無曲直長短各有所施

管子曰工之制木也大者以爲舟航柱梁小者以爲楫楔修者以爲櫩榱短者以爲侏儒無小大修短皆得其所宜此之謂也

明主之任人亦由是也

言明哲之君擢用人材亦如巧匠制木也

智者取其謀愚者取其力勇者取其威怯者取其愼無智愚勇怯兼而用之

軍勢有曰使智使愚使貪使勇使怯是也

故良匠無棄材明主無棄士

良匠能盡其木之性而用是無棄遺之材明主能盡其人之行而用是無棄遺之士斯二者惟良匠明主及之

不以一惡忘其善

左傳曰善不可棄惡不可長凡人未有不偶入於惡者但惡有小大改與弗改也至於流毒於物長而不悛斯惡之大者也未離于惡則不知惡以爲惡未入於善則不知善以爲善人苟有累善是即

知善以爲善矣此可引而歸之全善也儻因而有一惡
亦偶然耳遽可以今日之一惡忘其前日之累善哉此
爲記惡忘善也且掩其惡以揚其善而誘人入於善尚
懼不肯歸之況張其惡而匿其善乎是則爲人棄之矣

勿以小瑕掩其功前漢陳湯傳曰論大功者不錄小過舉大美者不疵細瑕瑕者玉之玷也
言人有微過如玉有小瑕不可因其瑕而棄其玉見其
過而忘其功劉子所謂見朱橘一子蠹因剪樹而棄之
觀縟錦一寸點乃全疋而燔之無乃不可乎

割政分機盡其所有益謂設官分職當各
隨其材之長短小大所有而用之不可求其備也

然則函牛之鼎不可處以烹雞
三禮鼎器圖曰鼎有牛羊豕三鼎古制也牛鼎受一
斛天子飾以黃金諸侯飾以白金口徑底徑及深俱
一尺五寸三足如牛每足上以牛角飾之羊鼎受五斗
大夫以銅爲之無飾口徑底徑俱一尺深尺一寸豕鼎
受三斗口徑底徑皆八寸深九寸士以鐵爲之無飾後
漢邊讓傳曰函牛之鼎以烹雞多汁則淡而不可食少

汁則熬而不可熟又莊子曰函牛之鼎沸蟻不得措一足焉又呂氏春秋曰白圭對魏王曰市邱之鼎以烹雞多泊之則淡不可食少泊之則焦而不可熟也　函容也泊汁也此言大不可小用

捕鼠之貍不可使以搏獸　言非其敵也吳起謂魏文侯曰云云不擇犬犯虎何異哉言小不可大用

一鈞之器不能容以江漢之流　劉子曰一鈞之器不可容於泉流三十斤爲鈞江水出岷廣雅曰江廣也風俗通曰出珍物可貢獻也釋名曰江共也小水流入其中所公共也禹貢有中江北江三江九江今人謂川之大者皆曰江漢天河詩云維天有漢又水名今人呼陽邐之水爲漢江言輕不可重用也

百石之車不可滿以斗筲之粟　劉子曰萬鍾之鼎不滿以盂水百數名什十爲百石量名四鈞名石重百二十斤又十斗爲石車者舍也車尺遮反古史考曰黃帝作車引重致遠少昊時加牛禹時奚仲加馬車又音居車居也

周禮注坐乘曰車又安車凡婦人車皆坐乘又周禮王后安車禮記致仕乘安車斗十升爲斗筲竹器也可容斗二升語曰斗筲之人何足算也乘禾子也穀粟也粟六種之首也言重不可輕用也

何則大非小之量輕非重之宜此承上文言大小輕重當隨其器而用之不可彊其所不能也

今人智有短長能有巨細亢倉子曰政術至要力於審士士有才行比於一鄉委之鄉才行比於一縣委之縣才行比於一州委之州才行比於一國委之國政而後迺能無伏士矣言要量材授職也

或蘊蘊聚也又蓄也百而尙小或統統總也又紀也一而爲多有輕才者不可委以重任王命論曰粢棁之材不荷棟梁之任又黃石公有曰腐木不可以爲柱庸人不可以爲主言智小不可以謀大也粢音節棁之劣反皆小材也

有小力者不可賴以成職後漢仲長統損益篇曰小智居大位庶績不咸熙東萊先生有曰舉千鈞之鼎者非烏獲則不

可游萬仞之淵者非津人則不可又韓非子曰小知不可使謀事小忠不可使主法此言德狹不可以處廣也成字疑是大字**委任責成不勞而化**此謂人君委任既得其人可以深居高拱惟責成而已故曰不勞而治化也**此設官之當也**若大小輕重各適其用可謂設官之各當也**斯二者治亂之源**一治一亂在乎得人失人故云斯二者治亂之本原故書曰謂治亂在庶官此之謂也**立國制人資股肱以合德**四子講德論曰蓋君爲元首臣爲股肱明其一體相待而成書曰股肱惟人良臣惟聖夫手足具乃成人忠良備乃成聖書曰同力度德同德度義力鈞則有德者勝合德則秉義者彊**宣風道**道去聲**俗俟明賢而寄心**宣播也道導也言宣播仁風敎導美俗須待明哲賢能之人託以衷赤則可**列宿騰天助陰光之夕照**列宿星宿也陰光月也言衆星雖小騰布于天亦可以助月未明之光也**百川決地添溟渤**

之深源百川百川之水也溟渤海也言百川之水決流于地雖微亦可資添大海李斯有曰河海不擇細流故能就其深海月之深朗猶假物而爲大以海之深月之明猶藉羣物以成光大耳物謂列宿百川也君人御下統極理時人君在上臨下統總三極循理四時獨運方寸之心以括九區之內不資衆力何以成功尹文子曰天下事事不可備能擇其備能於一人則賢聖其猶病諸設一人能備天下之事能左右前後之宜遠近遲速之間必有不兼者焉苟有不兼于治闕矣全治而無闕者大小多少各當其分言人君運營方寸之小包括九區之大若不設官分職以獨力何得成其功業又漢書有曰廊廟之材非一木之枝帝王之功非一士之畧必須明職審賢擇材分祿書曰惟后非賢不乂惟賢非后不食又孔子曰與其食浮于人寗若人浮于食祿勝巳則近貪巳勝祿則近廉故必須明辨職位大小審實賢俊可否選擇材能短

長分須其爵祿**得其人則風行化洽**用人當則必仁風流行教化浹洽矣**失其用則虧教傷人**用之不當則必虧壞風教滅傷人倫也**故云則哲惟難良可慎也**此即審官篇目下引皋陶謨書語之事也曰都在知人在安民禹曰吁咸若時惟帝其難之知人則哲謂人君設官分職以治天下其要在於知人知人之難堯舜猶病諸矧乎他者可不慎歟故太宗重戒之切如此

納諫第五

尚書曰朝夕納諫以輔台德又傅說謂高宗曰惟木從繩則直后從諫則聖后聖臣不命其承疇敢不祇若王之休命言木以繩直君以諫聖明君能受諫則臣不待其命承意而諫之也既王能如此則諫敢不敬順王之美命而諫者乎是以堯舜衢室之問總章之訪以來天下之諫以通天下之情

故至聖至明以配天也至如桀紂拒諫飾非直至於焚放而不自覺也誠可悲哉疇誰也祇敬也休美也

夫王者高居深視虧聽阻明書曰視遠惟明聽德惟聰人君深處獨陽之地九重之宮與民懸隔所聽不及遠所視不得偏復有五色以障乎目五音以塞乎耳雖欲視而弗明雖欲聽而弗聰矣此謂虧聽阻明虧損也阻障也恐有過而不聞懼有闕而莫補所以設鞀樹木鬻子曰禹之治天下也縣五聲以聽曰語寡人獄訟者揮鞀世紀曰帝嚳命垂作鞀鞞釋名曰鞀鞀道也周禮注曰鞀如鼓而小持其柄搖之旁耳還自擊鞀與鼗同樹木謂謗木也管子云堯置謗木以求下民之諫思獻替之謀後漢胡廣傳曰臣以獻可替否爲忠傾耳虛心佇忠正之說傾側也言側耳而聽虛心而受無一物之私蔽企望其告以正直之言也言之而是

雖在僕隸芻蕘猶不可棄也毛詩曰先民有言詢于芻蕘又六韜有曰謀及負薪功乃可逃夫智者千慮必有一失愚者千慮必有一得以採言評事豈獨專于有位者哉至於賤役之人言果中理合道亦不可違僕隸芻蕘至賤役者刈草曰芻採薪曰蕘言之而非雖在王侯卿相未必可容左傳莊十年齊伐魯魯莊公將戰有魯人曹劌請見其鄉人曰肉食者謀之又何間焉劌曰肉食者鄙未能遠謀乃入見云云終成大功而還言肉食者在位之人也且曹劌以匹夫之賤一時一言而立長勺莫大之功可貴賤論乎于斯時也以食肉者竟何爲哉位高而祿厚食肉衣錦無良謀奇策亦贅疣耳焉足容受哉容受也其義可觀不責其辯果合大義豈在言之巧拙耳空辯不足信其理可用不責其文果依正理豈在文之華質耳虛文不足用至若折檻懷疏標之以作戒漢朱雲字游魯人也徙平陵少時通輕俠借客報仇長八尺餘容貌甚壯以勇

力聞年四十迺變節從博士自子友受易又事前將軍蕭望之受論語皆能傳其業好倜儻大節當世以是高之元帝時五鹿充宗貴幸爲梁邱易自宣帝時善梁氏說元帝好之欲考其異同令充宗與諸易家論充宗乘貴辯口諸儒莫能抗皆稱疾不敢會有薦雲者召入攝齊登堂抗首而請音動左右既論難連折五鹿君故諸儒爲之語曰五鹿嶽嶽朱雲折其角繇是爲博士遷杜陵令又爲槐里令累上書論議大臣至成帝時丞相故安昌侯張禹以帝師位特進甚尊重雲上書求見公卿在前雲曰今朝廷大臣上不能匡主下亡以益民皆尸位素餐孔子謂鄙夫不可與事君苟患失之亡所不至者也臣願賜尚方斬馬劍斷佞臣一人頭以厲其餘上問誰也對曰安昌侯張禹上大怒曰小臣居下訕上廷辱師傅罪死不赦御史將雲下雲攀殿檻折雲呼曰臣得下從龍逢比干於地下足矣未知聖朝何如耳御史遂將雲去於是左將軍辛慶忌免冠解印綬叩頭殿下曰此臣素著狂直於世使其言是不可誅其言非固當容之臣敢以死爭慶忌叩頭流血上意解然後得已及

後當治殿檻上曰勿易因而輯之以旌直臣○按懷疏疏字疑誤引裾郄坐顯之以自非三國志魏文帝欲徙冀州士家十萬戶實河南時連蝗民饑羣司以為不可而帝意甚盛辛毗與朝臣俱求見帝知其欲諫作色以見之皆莫敢言毗曰陛下欲徙士家其計安出帝曰卿謂我徙之非耶毗曰誠以為非也帝曰吾不與卿共議也毗曰陛下不以臣不肖置之左右廁謀議之官安得不與謀議耶臣所言非私乃社稷之慮也安得怒臣帝不答起入內毗隨而引衣裾帝遂奮衣不還良久乃出曰佐治卿持我何太急耶毗曰今徙既失民心又無以食也帝遂從其半毗字佐治潁川陽翟人明帝時為大將軍軍帥使持節節度司馬仲達六軍以敵諸葛亮還為衛尉薨謚肅侯故云忠者瀝其心智者盡其策梅福言災異書曰天下之士雲合歸漢知者竭其策愚者盡其慮此其義也瀝猶竭也盡即終也言人君能容折檻引裾之諫可使忠直者得竭瀝其心智謀者得盡終其策也臣無隔情於上君能

偏照於下 文中子曰改過不悋无咎者善補過也古之明王詎能無過從諫而已矣故忠臣之事君之也盡忠補過君失於上則臣補於下臣諫於下則君從於上此王道之所以不缺也夫君臣之道惟恐其不通若君能受諫則明四月達四聰安有間隔哉既無所間隔則至公大明立矣夫至公無私親大明無私照故能普燭天下也偏者普也

昏主則不然說者拒之以威 告之以道德者乃自尊大反抗之以威

勸者窮之以罪 勉之以禮義者乃自矜飾反致之以罪

大臣惜祿而莫諫 文中子曰有美不揚天下何觀君子之於君贊其美而匡其失也所以進善不暇天下有不安哉以尸位保祿者論此可無愧乎故記曰為人臣下者有諫而無訕有亡而無疾頌而無諂諫而無驕怠則張而相之廢則掃而更之謂之社稷役此臣之道也又日近而不諫是為尸位也豈容惜祿不諫哉

小臣記曰事君遠而諫之諂也夫祿微職卑上

畏誅而不言 有當職大臣身離人君甚遠又於職分之上

外不可越僭而言也僭召而言之又何僭哉今既不召矣復言之者又加之以罪宜其不言也**恣暴虐之心**恣放也暴殘也虐陵也**極荒淫之志**極窮也荒蕩也淫亂也**其爲壅塞無由自知**自以壅蔽障閉瞽其目聾其耳蒙然而無所知**以爲德超三皇材過五帝**史記秦始皇初并天下自以爲德兼三皇功過五帝案三皇五帝本紀以伏羲女媧神農爲三皇黃帝顓頊帝嚳帝堯帝舜爲五帝孔安國皇甫謐及孫氏注以伏羲神農黃帝爲三皇以少昊高陽高辛唐虞爲五帝又一說天皇地皇人皇爲三皇衆說不一故並存之○按注孫氏注下當加世本二字**至於身亡國滅豈不悲哉此拒諫之惡也**此結上文而言昏亂之君不能納諫或有諫者必拒之以威窮之以罪所以大臣惜祿小臣畏誅上下相覥以直言爲諱故荒淫暴虐縱其所爲不知自失以爲德超三皇材過五帝以至身亡國滅可不大爲悲痛哉此戒之深者也

去讒第六

讒譖也荀子曰傷良曰讒小雅青蠅詩云營營青蠅止于樊豈弟君子無信讒言孔疏云營營往來也彼營營往來青蠅之蟲汙白使黑汙黑使白乃變亂白黑不可近之當遠去之于外止于藩籬之上無令在宮室之內也此周之大夫厭幽王聽信讒佞作此詩以刺之也以青蠅喻讒佞之人變亂善惡如青蠅變亂黑白也不可親之當棄於荒野之外無令在朝廷之上讒人爲害如此故云樂易之君子無信讒言也昔魯欲使樂正子爲政孟子聞之喜而不寐公孫丑曰樂正子彊乎曰否有知慮乎曰否多聞識乎曰否然則奚爲喜而不寐曰其爲人也好善好善足乎曰好善優於天下而況魯國乎夫苟好善則四海之內皆將輕千里而來告之以善夫苟不好善則人將曰訑訑予既已知之矣訑訑之聲音顏色拒人於千里之外士止於千里之外則讒諂面諛之人至矣與讒諂面諛之

人居國欲治可得乎以此觀之善讒進退治亂可見矣

夫讒佞之徒國之蝨賊也損義傷良之謂讒巧諂捷給之謂佞蝨食苗根蟲賊食禾節蟲言朝廷有讒佞之人如禾苗有蝨賊耳謂蠹蝨取禍亂之甚也爭榮華於旦夕惟貪榮顯華靡無心于邦國競勢利於市朝易曰日中爲市凡物貨相貿易買賣皆曰市朝朝廷朝朝也人君昕旦視政貴早也言此諂佞之人奔競財利于市慕權勢於朝無匡輔之心耳以其諂諛之姿荀子曰以不善先人者謂之諂以不善和人者謂之諛惡忠賢之在己上言諂佞阿諛之徒不求其已反憎惡忠良賢能之人處于我之上○按注其字疑誤姦邪之志恐富貴之不我先曰姦詐也左傳曰在外爲姦在內爲宄揚子曰不姦姦而詐詐邪者不正也豐於財曰富貴高也言彼讒佞之人以私詐不正之心惟懼富貴不先於我耳朋黨相持無深而不

入同門曰朋黨輩也荀子曰惟星之黨見言朋類黨輩相執持極其所嗜欲雖至深之所亦無不入耳比

周相習無高而不升後漢黃瓊傳曰夫讒諛所舉無高而不可升相抑無深而不可淪可不察歟言阿比周密交相因習窮其所好樂雖至高之地亦無不進也　比呲至反阿也周密也習效也令

色巧言以親於上孔子曰巧言令色鮮矣仁言巧好其言語令善其顏色以求親愛於在上之人也

先意承旨以悅於君韓非子曰人主未命而唯唯未使而諾諾先意承旨觀貌察色以先主心者也言姦佞之賊臣也迎其人主之趣意順其志旨以求媚悅

朝有千臣昭公

去國而不悟左傳昭二十五年初季公鳥娶妻於齊鮑文子生申公鳥死季公亥與公思展與公鳥之臣申夜姑相其室及季姒與饔人檀通而懼乃使其妾扶己以示秦遄之妻曰公若欲使余余不可而扶余又訴于公甫曰展與夜姑將要余秦姬以告公之公之與公甫告平子平子拘展于卞執夜姑將殺之公若

泣而哀之曰殺是是殺余也將爲之請平子使豎勿內
日中不得請有司逆命公之使速殺之故平公若怨平子
季郈之雞鬭季氏介其雞郈氏爲之金距平子怒益宮
於郈氏且讓之故郈昭伯亦怨平子臧昭伯之從弟會
爲讒於臧氏而逃於季氏臧氏執旃平子怒拘臧氏老
將禘於襄公萬者二人其衆萬于季氏臧孫曰此之謂
不能庸先君之廟大夫遂怨平子公若獻弓於公爲且
與之出射於外而謀去季氏公爲告公果公賁使侍人
僚柤告公公寢將以戈擊之乃走公曰執之亦無命也
懼而不出數月不見公不怒又使言公曰執戈以懼之乃
走又使言公曰非小人之所及也公果自言公以告臧
孫臧孫以難告郈孫郈孫以可勸告子家懿伯懿伯曰
讒人以君徼幸事若不克君受其名不可爲也舍民數
世以求克事不可必也且政在焉其難圖也公退之辭
日臣與聞命矣言若洩臣不獲死乃館於公叔孫昭子
如闞公居於長府九月戊戌伐季氏殺公之於門遂入
之平子登臺而請曰君不察臣之罪使有司討臣以干
戈臣請待於沂上以察罪弗許請囚于費弗許請以五

乘亡弗許子家子日君其許之政自之出久矣隱民多取食焉爲之徒者衆矣日入慝作弗可知也衆怒不可蓄也蓄而不治將蘊蘊蓄民將生心同求將合君必悔之弗聽郈孫日必殺之公使郈孫逆孟懿子叔孫氏之司馬鬷戾言於其衆日若之何莫對又日我家臣也不敢知國凡有季氏與無於我孰利皆日無季氏是無叔孫氏也鬷戾日然則救諸帥徒以往陷西北隅以入公徒釋甲執冰而踞遂逐之孟氏使登西北隅以望季氏見叔孫氏之旌以告孟氏執郈昭伯殺之于南門之西遂伐公徒子家子日諸臣僞刼君者而負罪以出君止意如之事君也不敢不改公日余不忍也與臧孫如墓謀遂行己亥公孫于齊次于陽州

弓無九石

竆一（竆一二字當作宣王）終身而不知（尹文子日世有因名以得實亦有因名以失實宣王好射說人之謂己能用彊也其實所用不過三石以示左右左右皆引試之中闕而止皆日不下九石非大王孰能用是宣王悅之然則宣王用不過三石而終身自以爲九石三石實也九石名也宣王悅其名而喪其實）

也今經云甯一者蓋宣王二字傳之訛耳**以疎間親宋有伊戾之禍**左傳初宋芮司徒生女子赤而毛棄諸堤下共姬之妾取以入名之曰棄長而美平公入夕共姬與之食公見棄也而視之尤姬納諸御嬖生佐惡而婉太子痤美而狠合左師畏而惡之寺人惠牆伊戾為太子內師無寵秋楚客聘于晉過宋太子知之請野享之公使往伊戾請從之公曰夫不惡女乎對曰小人之事君子也惡之不敢遠好之不敢近敬以待命敢有二心乎縱有共其外莫共其內臣請往也遣之至則欿用牲加書徵之而騁告公曰太子將為亂既與楚客盟矣公曰為我子又何求對曰欲速公使視之則信有焉問諸夫人與左師則皆曰固聞之公囚太子太子曰唯佐也能免我召而使請曰日中不來吾知死矣左師聞之聒而與之語過期乃縊而死佐為太子　公徐聞其無罪也乃烹伊戾　間去聲間為居其間也**以邪敗正楚有郤宛之誅**左傳郤宛直而和國人說之鄢將師為右領與費無極比而惡之令尹子常賂而信讒無極譖郤宛焉謂子常

曰子惡欲飲子酒又謂子惡令尹欲飲酒於子氏子惡曰我賤人也不足以辱令尹令尹將必來辱爲惠已甚吾無以酬之若何無極曰令尹好甲兵子出之吾擇焉取五甲五兵曰寘諸門令尹至必觀之而後以酬之及饗日帷諸門左無極謂令尹曰吾幾禍子子惡將爲子不利甲在門矣子必無往且此役也吳可以得志子惡取賂焉而還又誤羣帥使退其師曰乘亂不祥吳乘我喪我乘其亂不亦可乎令尹使視郤氏則有甲焉不往召鄢將師而告之將師退遂令攻郤氏且爇之子惡聞之遂自殺也國人弗爇令曰不爇郤氏與之同罪或取一編菅焉或取一秉秆焉國人投之遂弗爇也令尹炮之盡滅郤氏之族黨殺陽令終與其弟完及佗與晉陳及其子弟晉陳之族呼於國曰鄢氏費氏自以爲王專禍楚國弱寡王室蒙王與令尹以自利也令尹盡信之矣國將如何令尹病之後殺費無極與鄢將師盡滅其族說于國也

斯乃暗主庸君之所迷惑黃石公曰迷而不返者惑言暗弱不明之主庸愚無察之君荒迷惑亂拒賢聽讒致此耳忠臣

孝子之可泣冤忠臣謂郤宛也孝子謂宋太子痤也言宛之忠痤之孝終被誣譖屠戮甚可爲哀泣冤枉矣故蔂蘭欲茂秋風敗之文子曰日月欲明浮雲蔽之蔂蘭欲茂秋風敗之蔂聚也謂聚生之芳蘭將欲茂盛之時竟被秋天淒然之風敗落之矣以此喻讒害良也王者欲明讒人蔽之素書曰有過不知者蔽君王方欲明察竟被諂佞之小人蔽障之耳此謂庸暗之主非英明之君也此姦佞之危也言此乃姦邪諂佞之危險也斯二者危國之本二者指以疏間親父殺其子以邪敗正君族其臣故云斯二者是傾覆國家之本耳砥躬礪行莫尚於忠言尚書高宗謂傅說若金用汝作礪礪磨石也所以磨利于其器以喻人君欲磨利躬行者無有加其忠直之言耳敗德敗正莫踰於讒佞敗壞大德正理者無過於姦讒敗德敗正是對砥躬礪行也不當作兩敗字書曰反道敗德恐其傳寫之訛然上敗字當作反字今人

顏貌同於目際猶不自瞻東萊先生有曰察秋毫之末者不能自見其睫際際猶睫也睫目際毫至近目而自不見也況是非在於無形奚能自觀謂以顯然形體見於外者猶不能鑒識何況是非在於冥然無形質之間乎何則飾其容者皆解窺於明鏡修其德者不知訪於哲人詎自庸愚何迷之甚太公陰謀曰以鏡自照者見形容以人自照者見吉凶韓非子曰古之人目短於自見故以鏡觀面智短於自知故以道正己故鏡無見疵之罪道無明過之怨目失鏡則無以正鬚眉身失道則無以知迷惑既解窺形於明鏡不知問道於哲人是愚惑之甚也良由逆耳之辭難受順心之說易從後漢左雄傳曰臣聞人君莫不好中正而惡讒諛然而歷世之患莫不以忠正得罪讒諛蒙倖者蓋聽忠難從諛易也正直之辭逆其耳而不順依阿之說隨其心而即行彼難受者藥石之苦

喉也漢書子房謂高祖曰良藥苦口利於病忠言逆耳利於行此之謂也此易從者鴆毒之甘口也徐惠曰珍玩伎巧乃喪國之斧斤珠玉錦繡實迷心之鴆毒鴆毒鳥也以羽入酒飲之即死左傳曰宴安鴆毒謂讒諂依阿之言雖聽之順而如口食其甘物豈知中有鴆毒之禍乎明王納諫病就苦而能消瘖主從諛命因甘而致殞李固貽書黃瓊曰興國之君樂聞其過荒亂之主樂聞其譽聞其過者過日消而福臻聞其譽者譽日損而禍至小雅詩曰盜言孔甘亂是用餤此之謂也孔甚也甘美也餤進也此詩刺幽王也謂小人其言甚美幽王聽信之禍亂用是進益也餤音淡殞喪也可不誡哉可不誡哉太宗於此為憂為懼至深至切故更三禁約之也言為人君者見如此諂佞禍亂之慘酷豈可不懼之哉誡懼也又約束也

帝範卷二

帝範卷三

唐太宗文皇帝撰

誡盈第七

易豐卦彖辭曰日中則昃月盈則食此聖人當豐盛之時憂懼之辭也蓋日中者昃所倚月盈者食所伏必然之理人君居至高至極之位乃豐盛之象固當憂懼守中不至過極則可不然必有傾危之機發矣所以晉武帝不知憂懼則有身後之亂唐元宗不知憂懼則有末年之變知憂其惟堯舜之敬戒禹湯之罪己文王之無逸乎事事物物纔到盈處無有不變者非聖君賢人孰能持盈哉或問揚子持滿曰扼欹扼者抑也猶抑損之也言持滿者當自損抑以正其欹不然則覆矣欹謂欹器也昔孔子入魯桓公廟見有欹器焉曰宥坐之器也虛則欹中則正滿則覆使弟子著水以驗之信

然孔子喟然嘆曰吁惡有滿而不覆者哉子路曰敢問持滿有道乎孔子曰聰明聖知守之以愚功被天下守之以讓勇力無世守之以怯富有四海守之以謙此所謂挹而損之之道也故太宗達此理而告誠之耳盈滿也欲抑滿得中實難但滿而不溢斯可矣挹於革反

夫君者儉以養性左傳曰儉德之共也孟子曰存其心養其性儉約也天理在人曰性聖人云天命之謂性董仲舒曰性者生之質也養涵也儉欲知足可以養性矣苟不儉欲而知足是傷於性也老子曰禍莫大於不知足故人君當以儉德涵養其性不至於奢侈靜以修身文子曰無爲者守靜也守靜能爲天下正靜無爲也修正也人君宜靜而無爲以修正其身耳儉則人不勞靜則下不擾書曰用靜吉用作凶既以儉欲而不貪則不勞也既靜志而無爲則不擾也以秦皇漢武于無事之時而欲窮兵黷武殘民斂衆亂擾天下是不儉欲不靜志也人勞則怨起下擾則政乖

孟子曰以佚道使人雖勞不怨謂旣不能儉以養性靜以修身則生奢侈之心矣奢侈之心旣生則耗用不節耗用不節必重斂于民故人勞下擾而怨起政乖也**人主好奇技淫聲**泰誓曰作奇技淫巧以悅婦人論語曰鄭聲淫非雅樂也**鷙鳥猛獸**廣雅曰鷙鳥也取其能服執衆鳥鷙鳥者鷹鸇鵰鶚之屬猛獸者貔虎熊羆之類鷙音至**遊幸無度**毛詩序曰遊蕩無度孟子曰一遊一豫爲諸侯度故盤遊行幸不可無度則也**田獵不時**禮王制天子諸侯無事則歲三田一爲乾豆二爲賓客三爲充君之庖無事而不田曰不敬田不以禮曰暴天物又曰獺祭魚然後虞人入澤梁豺祭獸然後田獵鳩化爲鷹然後設罻羅草木零落然後入山林昆蟲未蟄不以火田不麛不卵不殺胎不殀夭不覆巢斯謂田獵不可廢亦不可過唯不可廢故無事則必田無事而不田是不知事神接人之道斯爲不敬也唯不可過故其田獵必以時田獵不以時是謂禽荒而殘暴天物妨奪民時也**如此則徭役煩徭役煩**

則人力竭人力竭則農桑廢焉韓非子曰傜役少則民安傜役多則民苦前漢食貨志曰傜役橫作政令不信上下相詐公田不治傜役工作征戍也若遊幸田獵無度不時則傜役頻煩人力疲竭而農桑荒廢矣人主好高臺深池泰誓曰唯宮室臺榭陂池侈服雕琢刻鏤荀子曰雕琢刻鏤黼黻文章以塞其目又非有先生論曰陰奉雕琢刻鏤之好以納其心務快耳目之欲治本治玉石之類也珠玉珍玩西京賦攢珍寶之玩好又晉安帝紀曰桓元尤愛珍寶常玩弄珠玉不離于手夫古之明君聖主抵璧於山沉珠於海惟道德是貴何嘗以珠玉為珍玩哉黼黻絺綌書益稷篇曰予欲觀古人之象日月星辰山龍華蟲作會宗彝藻火粉米黼黻絺繡注黼如斧形刃白而身黑黻謂兩弓字相背青黑線繡絺展幾反謂刺以為繡也又葛之精者曰絺然則綌當作繡字不然綌是葛之麄者非奢侈之物人主何好焉如此則賦斂重賦斂重則人才遺人才

遺則饑寒之患生焉禹貢曰厥賦唯上上錯注賦謂土地所生以供天子此爲賦稅也周禮太宰八則五日賦貢注賦日率出泉也貢功也九職之功所稅也此爲賦貢也漢書刑法志曰畿方千里有稅有賦稅以足食賦以足兵是也斂聚也書曰不役耳目百度惟貞玩人喪德玩物喪志志以道寧言以道接不作無益害有益功乃成不貴異物賤用物民乃足犬馬非其土性不畜珍禽奇獸不育於國不寶遠物則遠人格所寶惟賢則邇人安此亦戒後之人君不可以聲色亂百度不可玩人玩物以喪德志不可以遊觀徒費時日不可以爲無益害有益不可以無用妨有用惟當遠利親賢以安遠近若如此則荒唐暴陵疲民力失人才患生何疑患既生於下其在上者得安乎隋之煬帝其是哉爲人君者可不三省焉亂世之君極其驕奢鄧析子曰畏儉則福生驕奢則禍起又聱隅子曰居顯不以爲驕驕奢可乎恣其嗜欲恣肆也嗜好也欲貪也土木衣緹繡緹者丹黃色帛繡謂刺繡五色成文宦者傳論

曰狗馬飾雕文土木被緹繡又東方朔曰土木衣綺繡
狗馬被繢罽傛倖傳云董賢起大第闕下土木之功窮
極伎巧柱檻衣以緹錦土墻木屋
也言皆被緹繡之文綈緹音提
而人裋褐不全
裋褐
僕豎
之衣也戰國策墨子謂楚王曰棄其錦繡之衣而竊
之裋褐言土木復衣其綵繡而人裋褐卻不得完全此
即以無用而
妨有用也
犬馬厭芻豢而人糟糠不足
孟子曰庖有
肥肉廄有肥
馬民有饑色野有餓莩此率獸而食人也此之謂乎又
戰國策管燕得罪齊王謂其左右曰子孰與我赴諸侯
乎左右嘿然莫對管燕漣然流涕曰悲夫士何其易得
而難用也田需對曰士三食不得饜而君鵞鶩有餘食
下宮糅羅紈曳綺縠而士不得以爲衣緣此即以無
益而害有益也豢音患養也以穀食犬豕曰豢
故
人神怨憤
明則有人怨恨幽則有神憤怒亢倉子曰人
怨者非不接人也神怒者非不事神也巧佞
其人愈怨淫祀甚神益
怒謂非其道也如此
上下乖離
荀子曰上詐其下下
詐其上則是上下析

析離也又揚子曰惠以施下忠以衛上今君之澤不佚能及於下民之情不得達於上上下乖戾離隔矣

樂未終傾危已至 孝經疏曰貴不與驕期而驕自至富不與侈期而侈自來驕侈以行己所以速亡此言富貴生驕侈驕侈恣嗜欲若不知戒則佚樂未終而傾危已至此必然之理也易曰安不忘危存不忘亡若能如此可無患矣佚與逸同 樂音洛

此驕奢之忌也 此乃不能預誡其盈以貪慕其驕侈至於亂危可不畏哉忌畏也少儀有曰國家靡敝則車不雕幾甲不組縢食器不刻鏤君子不履絲履馬不常秣今既不循此道而極其驕奢者傾之必矣此太宗所以深戒之也

崇儉第八

夫儉者去奢從約之謂豐國富民之本也考諸今古創業垂統之君莫不以儉約而興敗國喪身之主莫不以奢侈而亡其興亡成敗載諸簡冊昭昭然可為鑒矣故太宗以儉居戒盈之先豈無意哉

雖然儉固近於吝吝矣儉不中禮是爲吝也雖有周公才美驕吝猶不足觀況其他乎此所以蜉蝣刺其好奢蟋蟀刺不中禮也然則其何以行之哉曰論語不云乎菲飲食而致孝乎鬼神惡衣服而致美乎黻冕卑宮室而盡力乎溝洫此是明王之盛德至聖之格言依而行之吾無間然矣

夫聖世之君存乎節儉史記曰治國之道富民爲始富民之要在於節儉又詩之葛覃謂后妃之本躬儉節用化天下以婦道后妃猶能以節儉化天下而況其聖世之君乎節者不傷財不害民之謂也

富貴廣大守之以約孔子曰以約失之者鮮矣夫富有四海貴爲天子此乃富貴廣大之極矣若不守之以約未有不失之者也文子曰富貴廣大守之以狹亦從約義

睿智聰明守之以愚中庸曰唯天下至聖爲能聰明睿智足以有臨也以是知古之聖王冕而前旒所以蔽明黈纊充耳所以塞聰明所不見聽所不聞非自壅遏也防閑其淫聲讒語好色奇玩以亂其耳目也老子曰君子盛

德容貌若愚亦此意也又文**不以身尊而驕人**魏太子擊謂田子方曰貧賤者驕人乎富貴者驕人乎子方曰貧賤者驕人耳富貴者安敢驕人人主驕人而亡其國吾未見以國待亡者也貧賤者若不得意納履而去安往而不得貧賤者驕人富貴者安敢驕人○按說苑貧賤作貧窮安往而不得下有貧窮乎三字

不以德厚而矜物繫辭曰勞謙君子有終吉子曰勞而不伐有功而不德厚之至也矜伐也老子曰盛德若不足古昔聖賢進德修業以務滋崇豈敢矜物乎

茅茨不剪采椽不斲墨子曰堯舜德行茅茨不剪采椽不斲師古曰屋蓋曰茅茨茨以覆居也采亦作採椊木也

舟車不飾白氏六帖曰門閭舟車不飾儉也

衣服無文東方朔曰衣組無文論語曰惡衣服禮曰飾醜其衣服皆言不用文繡也

土堦不崇墨子曰堯舜堂高三尺土堦三等故不高也堦陛也

太羹不和禮器曰有以素爲貴者大圭不琢太羹不和疏云太羹肉汁也

不和無鹽梅也上古初變腥但煮肉而飲其汁未和調
和後人祭必重古故但盛肉汁謂之太羹不和已上六
事皆言上古明王崇儉也如此
非僭榮而惡味乃處薄而行儉
言聖人如此質
素非是僭嫌榮華鄙惡甘美也乃欲居以淡薄施以節
儉以身爲天下先然後其教不嚴而治不令而行也
故風淳俗樸
說文曰上以化下曰風下以習上曰俗淳厚也樸實也
比屋可封
忠記
曰堯舜之民比屋可封此云聖世之君躬行節儉以化
民下觀而化相習崇儉故家給人足禮義生矣然後尊
卑之序得骨肉之恩親爭訟之原息如此則家稷契而
人臯陶故辟止刑措比屋可封也比屋者周禮地官曰
五家爲比有九比比之數小司徒掌之六鄉大夫於正月
之吉受教法於司徒退而頒之于其鄉吏使各以教其
所治以考其德行察其道藝三年則大比考其德行道
藝而興其賢者能者鄉老及鄉大夫帥其吏與其衆寡
以賓禮禮之厥明鄉老及鄉大夫羣吏獻賢能之書于
王王再拜受之登于天府內史貳之此謂使民興賢出

使長之使民興能入使治之比聯比而居也比毗至反**斯二者榮辱之端**二者謂奢儉也
奢儉由人安危在己奢侈則危節儉則安猶聲響形影未嘗相違也行其儉其身必安行其奢其身必危故云由人在己
五關近閑則嘉命遠盈劉子曰將收情慾先斂五關五關者情慾之路嗜好之府也目愛綵色命曰伐性之斤耳樂淫聲命曰攻心之鼓口貪滋味命曰腐腸之藥鼻悅芬馨命曰燻喉之烟身安轝駟命曰委蹶之機此五者所以養生亦所以傷生言當收斂而閑之庶得壽命嘉言遠而不損耳
干慾內攻則凶源外發劉子曰身之有慾猶樹之有蝎樹抱蝎則還自鑿身抱慾則反自害故蝎盛則木折慾熾則身亡故云凶源蝎食木蟲猶蠧也
是以丹桂抱蠧終摧榮耀之芳拾遺記曰岱輿一名浮折北有玉梁千丈駕元流之上峯傍有丹桂唐藝文類聚曰桂蠧不知所淹留兮又漢書南越尉佗貢桂蠧一器蠧食木之蟲也○按拾遺記無一名浮折四字

注誤朱火含煙遂鬱凌雲之焰蔡邕釋誨曰爞煙炎之毀熠何光芒之敢揚哉煙炎火之微細者言常爞微細以致毀滅杜預注左傳曰吳楚之間謂火滅爲熸音子廉反炎音焰言桂蠹雖小終損榮芳火煙雖微必滯光焰鬱幽也滯也又鬱遏鬱悒鬱結鬱鬱皆言不得伸之意也以是知驕出於志不節則志傾慾生於心不遏則身喪言志之出驕猶桂之抱蠹心之生慾猶火之含煙若不防微杜漸節遏其驕慾必至於志傾身喪也故桀夏王號謚法曰賊人多殺曰桀紂殷王號謚法曰殘義損善曰紂肆情而禍結言桀紂之君縱肆情意焚炙忠良刳剔孕婦斮朝涉之脛剖賢人之心積酒成池宅內爲林置炮烙之刑行長夜之飲作奇技淫巧以悅婦人殘賊暴虐湯武興矣故曰禍結也堯唐帝號謚法曰翼善傳聖曰堯舜虞帝號謚法曰仁聖盛明曰舜約己而福延謂堯舜恭己無爲儉約是務是以太平之福延長也可不務乎桀紂所以亡謂

不能節遏驕慾也堯舜所以興謂其躬行儉約也一戒一法可不務爲儉約乎

賞罰第九

酬功曰賞黜罪曰罰周禮曰刑賞以馭其威賞罰國之大柄也左傳曰善爲國者賞不僭而刑不濫賞僭則懼及淫人刑濫則懼及善人又漢書曰賞及無功無以勸善罰及無罪無以懲惡惟賞與罰不可不當賞一人而天下悅者賞之罰一人而天下懼者罰之賞罰又當必信也有功者雖讎亦必賞有罪者雖親亦必罰故孔子曰治國制民不隱其親此之謂也惟知此則大道之行天下爲公矣惟天下之至公其聖王能之○按注末句疑有錯誤

夫天之育物猶君之御衆晉禮樂志曰或以爲五精之帝在天育物者也以上天化育萬物如人君撫御庶衆天以寒暑爲德寒以成之暑以長之寒暑天之德行也君以

仁愛爲心也仁以生之愛以養之故人君當以仁愛爲心故記曰聖人南面而聽天下所以先者五民不與焉一曰治親二曰報功三曰舉賢四曰使能五曰存愛故曰君以仁愛爲心也**寒暑既調則時無疾疫**疾災也疫民皆病也寒暑調謂六氣和也六氣和則時無疾疫左傳曰天有六氣淫則生六疾六氣曰陰陽風雨晦明也分爲四時序爲五節過則爲菑陰淫寒疾陽淫熱疾風淫末疾雨淫腹疾晦淫惑疾明淫心疾也**風雨不節則歲有饑寒**論衡曰儒者論太平應瑞風不鳴條雨不破塊五日一風十日一雨又春秋說題辭曰一歲三十六雨天地之氣宣十日小雨十五日大雨言其均勻也又樂記曰風雨不節則饑謂風雨勻則五穀登稔風雨不勻則五穀不登稔不節不勻也故歲有饑寒**仁愛下施則人不凋弊**蓋謂人君體天之道以仁愛下施故寒暑調風雨節而民無疾疫饑寒之厄故不至於凋弊也已上言至**教令失度則**治之時民不犯法雖有賞罰無所施矣

政有乖違孔叢子曰賞罰是非相與曲謬雖十黃帝不能治也言若教令失度政必乖違而刑罰不中則民無所措手足故蹈於不法者多矣如此若非賞罰不能制矣防其害源開其利本防其害源者使民不犯其法開其利本者使民各務其業此爲教民之道也或有不遵其教者則有賞罰存焉已下皆言用賞罰也顯罰以威之明賞以化之公孫弘曰罰當罪則姦邪止賞當功則臣下勸威服也化勸也威立則惡者懼化行則善者勸後漢荀悅申鑒云賞以勸善罰以懲惡人主不妄賞非愛其財也賞妄行則善不勸矣不妄罰非矜其人也罰妄行則惡不懲矣賞不勸謂之止善罰不懲謂之縱惡在上在能不止下爲善不縱下爲惡則國法立矣刑不濫而威立矣賞不僭而化行矣既不僭不濫則爲惡者知所懼而爲善者知所勸矣適己而妨於道不加祿焉漢祖之於丁公是適己者不惟不加於祿又且罰之不如是不忠之臣無以懲矣逆己而便

於國不施刑焉漢祖之於雍齒是逆己者不惟不施於刑又且賞之不如是其沙上偶語者皆叛矣故賞者不德君功之所致也文子曰賞者不德上功之所致也功當故不以爲德罰者不怨上罪之所當也文子曰誅者不怨君罪之所當也罪當故不以爲怨○按以上注中引文子語皆今文子所無故書曰無偏無黨王道蕩蕩此賞罰之權也此引尚書洪範之辭以證之也偏謂偏於己黨謂黨於人蕩蕩廣大貌言賞罰得中不因喜怒故無偏黨之私則王道蕩蕩蕩蕩然如天地之廣大無極也故云此爲賞罰之權也權秤錘量輕重不失其平也

帝範卷三

帝範卷四

唐太宗文皇帝撰

務農第十

專力於事曰務闢土殖穀曰農天生聖人爲天下主以務農立國以足食爲政凡一毫便於農者必極力行之也嘗觀諸詩而知周人重農之意矣詩曰曾孫來止以見君之尊嚴出入田畝而不爲屈也又曰嘗其旨否以見田畯之官相忘豆觴而不爲恥也夫櫛風沐雨莫勞乎農沾體塗足莫賤乎農周之君臣從事於稼穡之間交孚於閭里之所則當時爲農者安得不相勸勉哉然周人之意不止此也天子所命者農命官所先者農朝廷所加惠者農官府所分理者農下至州鄉閭巷婦人女子賤隸小夫歌詠讚頌亦無一不在農噫盛矣夫自後世民不里居農非前世之農勸相之方視爲

末務，去而爲游手，棄而爲末作，散而爲諸侯之食客，聚而爲山澤之盜賊。漢復古意，多方勸率，免其租以優之，設其科以貴之。民未知種麥，則勸之種麥；民未知養苗，則教之養苗；春事欲作，則鑄耕種之器；田務正殷，則不行發卒令。至其法之最良者，則自天子而下無不以農爲務，故國彊永而民富康也。嗚呼！有國家者，詎可不務農哉？不務則惰，惰則廢，廢則曠，曠而民至遊矣。記曰：國無曠土，則食無遊民。至於土曠民遊，天下何所倚賴？周禮命遂大夫以正歲簡稼器，修稼政；命里宰以歲時合耦于鋤，以治稼穡，趨其耕耨，行其秩序；命遂師巡其稼穡而移用其民，以救其時事也。太宗之務農，實得其本矣。

夫食爲人天，左傳曰：民以食爲天。農爲政本。農爲國政之本原。倉廩實則知禮節，衣食足則志廉恥。管子曰：倉廩實而知禮節，衣食足而知榮辱。即此之謂也。

故躬耕東郊禮祭統曰是故天子親耕於南郊以共齊盛王后蠶於北郊以共純服諸侯耕於東郊亦以共齊盛夫人蠶於北郊以共冕服天子諸侯非莫耕也王后夫人非莫蠶也身致其誠信誠信之謂盡盡之謂敬敬盡然後可以事神明此祭之道也注南爲盛陽之地故天子耕於南郊冕用朱紘東爲小陽之地故諸侯耕於東郊冕用青紘干寳周禮注曰古之王者貴爲天子富有四海而必私置藉田蓋其義有三焉一日以奉宗廟親致其孝也二曰以順于百姓在勤勤則不匱也三日聞之子孫躬知稼穡之艱難無違也今詳之禮既云天子耕南郊諸侯耕東郊此爲萬世不易之制也太宗何獨以東郊乎稽之唐史禮樂志貞觀三年太宗將觀耕孔頴達議曰禮天子藉田南郊諸侯東郊晉武帝猶東南今帝社乃東壇未合於古太宗曰書稱平秩東作而青輅黛耜順春氣也吾方位少陽田宜於東郊乃耕於東郊蓋高祖崩于貞觀九年太宗東耕於貞觀三年此時高祖尚存故云吾方位少陽也

敬授人時書曰乃命羲和欽若昊天歷象日月

星辰敬授人時以孔氏傳云重黎之後羲和氏世掌天地四時之官故堯命之使敬天時以授人也又書曰寅賓出日平秩東作孔氏傳曰寅敬也賓導也平均也秩序也歲起於東而始就耕謂之東作東方之官敬導出日平均次序東作之事以務農也

國無九歲之儲不足備水旱記曰國無九年之蓄曰不足無六年之蓄曰急無三年之蓄曰國非其國也謂奪其農務故也儲貯積也

家無一年之服不足御寒暑鼂錯謂文帝曰人情一日不再食則饑終歲不製衣則寒謂妨其蠶績故也御扞也凡衣服被於體曰御

然而莫不帶犢佩牛漢書龔遂字少卿山陽南平陽人也以明經爲官至昌邑郎中令爲人忠厚剛毅有大節宣帝即位久之渤海左右郡歲饑盜賊並起二千石不能擒制上選能治者丞相御史舉遂可用上以爲渤海太守時遂年七十餘召見形貌短小宣帝望見不副所聞心內輕焉謂遂曰渤海廢亂朕甚憂之君欲何以息其盜賊以稱朕意遂對曰海瀕遐遠不霑聖化其民困於

饑寒而吏不恤故使陛下赤子盜弄陛下之兵於潢池
中耳今欲使臣勝之邪將安之也上聞遂對甚說答曰
選用賢良固欲安之也遂曰臣聞治亂民猶治亂繩不
可急也唯緩之然後可治臣願丞相御史且無拘臣以
文法得一切便宜從事上許焉加賜黃金贈遣乘傳至
渤海界郡聞太守至發兵以迎遂皆遣還移書勅縣悉
罷逐捕盜賊吏諸持鉏鉤田器者皆爲良民吏無得問
持兵者迺爲盜賊遂單車獨行至府郡吏翕然盜賊亦皆
罷渤海又多刼畧相隨聞遂敎令即時解散棄其兵弩
而持鉏鉤盜賊於是悉平民安土樂業遂開倉廩假貧
民選用良吏慰安牧養焉遂見齊俗奢侈好末技不田
作乃躬率以儉約勸民務農桑令口種一樹榆百本䪥
五十本葱一畦韭家二母彘五母雞民有帶持刀劍者
使賣劍買牛賣刀買犢曰何爲帶牛佩犢春夏不得不
趨田畝秋冬課收斂益蓄果實菱芡勞來循行郡中皆
有蓄積吏民皆富實獄訟止息數年上遣使徵遂上以
遂年老不任公卿拜爲水衡都尉典上林禁苑官職親
近上甚重之以官壽卒○按注引漢書移書勅縣脫屬

字持兵者迺盜賊脫爲字

棄堅就僞求什一之利廢農桑之基堅實也僞虛也前漢楊惲傳曰惲有餘祿方糴賤販貴逐什一之利此賈豎之事什一者十之一也此言亂世之民棄實務虛競錐刀之末利所以廢其農桑之本基也

以一人耕而百人食高子曰百人農一人居者王十人農一人居者彊半農半居者危夫農者寡而游食者衆故其國貧危今夫蛆螣蚼蠋春生秋死一出而數生不食今一人耕而百人食之此其爲蛆螣蚼蠋亦大矣雖有詩書聊一束家一員猶無益治也生之寡用之者衆如此者

其爲害也甚於秋螟螟蝗類食苗心之蟲說文曰吏冥冥犯法卽生螟記曰仲春行夏令則螟蟲爲害言秋螟者秋乃將登成之時有此蟲爲害大也游食者多甚於秋螟也

莫若禁絕浮華勸課耕織魏志劉馥曰懲惡舉善而教不能則勸浮華交游不禁自息矣浮華者前所謂求利廢農者也若不禁絕則游食末作者多矣賈誼曰一夫不耕或受其饑一女不織或受其

寒故當勉勸計課考其勤情使女修織紝男務耕耘雖有饑饉必有豐年使人還其本俗反其眞東郡賦曰折工商之淫業興農桑之盛務遂令海內棄末而反本背僞而歸眞此之謂也則競懷仁義之心永絶貪殘之路既已禁其浮僞各還本眞則仁義之心生矣而貪殘之路永遠斷絶也此務農之本也如此方可謂之務農之大本也斯二者制俗之機二者謂威惠也此二者是制馭風俗之樞機子育黎黔惟資威惠漢史曰王者父事天母事地子育黔黎黔黎者黑也謂人首皆黑也言爲人君者當視民如赤子然民之所趨有善有惡故其治之者亦有威有惠焉威以懼惡惠以懷善故威惠相資不可有偏故爲制俗之機也○按注史當作書惠可懷也恩惠可以懷善則殊俗歸風毛詩序曰家殊俗又漢書曰殊方異俗嚮風慕義又曹植孔廟碑曰殊俗解編髮而慕義即此謂也若披霜而照春日晉荀勗省吏議曰願

之如陽春此承上文而言人君能惠澤流於下民其下民之來如披寒霜而以向春陽赴之者其可禦哉謂恩惠能使人親之也**威可懼也**威刑可以懼惡**則中華慴軏**慴伏也懼也軏車轅端曲木也謂以威制彊惡即如牛馬懼伏於軏也慴之涉反**如履刃而戴雷霆**苟勗曰畏之如雷霆亦承上文言也詩曰兢兢業業如霆如雷孔氏疏曰兢兢恐怖業業憂危也其危恐如有霆之鼓於天如有雷之發於上言其恐怖之至甚也以履刃戴雷霆舉首搖足動有所畏不敢爲非也謂威刑能使人畏之也**必須威惠並馳**此重言威惠不可偏用故云必須並馳偏於威則猛偏於惠則慢孔子曰政寬則民慢慢則糾之以猛猛則民殘殘則施之以寬寬以濟猛猛以濟寬政是以和又前漢刑法志刑罰威獄以類天之震燿殺戮也溫慈惠和以效天之生殖長育也固當並馳耳**剛柔兩用**詩曰不競不絿不剛不柔敷政優優百祿是遒此之謂也競彊也絿急也優和也遒聚也**畫刑不犯**孔子曰三皇設言而

民不違五帝畫象而世順機古者上刑赭衣不純時人尚德義犯刑者但易之衣服自爲大恥畫猶設也犯干也

移木無欺 此指商君之事案史記商君衛之庶孽公子也姓公孫名鞅少好刑名之學始事魏相公叔痤爲中庶子公叔痤嘗荐於魏惠王不見用遂西入秦孝公既用鞅變法恐天下議己鞅曰疑行無名疑事無功且夫有高人之行者故見非於世有獨知之慮者必見傲於人愚者闇於成事知者見於未萌民不可與慮始而可與樂成論至德者不和於俗成大功者不謀於衆是以聖人苟可以彊國不法其故苟可以利民不循其禮孝公曰善鞅既變法令恐民之不信己乃立三丈之木於國都市南門募民有能徙置北門者予十金民恠之末敢徙復曰能徙者予五十金有一人徙之輒予五十金以明不欺卒下令令行於民期年秦民之國都言初令之不便者以千數於是太子犯法衛鞅曰法之不行自上犯之將法太子太子君副也不可施刑刑其傅公子虔黥其師公孫賈明日秦人皆趨令行之十年秦民大悅道不拾遺山無盜賊家給人足勇於

公戰怯於私鬭鄉邑大治後封之商於十五邑號爲商君**賞罰既明則善惡斯別**此言威惠不偏故賞罰明賞罰既明則善善惡惡悉判矣**仁信普著則遐邇宅心**著明也遐遠也邇近也宅定也言仁愛誠信普博著明則遠近之心皆定于一矣**勸穡務農則饑寒之患塞**耕耘種藝織紝紡績勸之課之使男女各務其本則饑寒之患自塞矣**遏奢禁麗則豐厚之利興**過止也刻鏤彫鐫組文刺繡過之止之使男女各棄其僞則豐厚之利自興矣**且君之化下**以人君行敎化於下**如風偃草**論語曰君子之德風小人之德草草上之風必偃言君子以仁信化下如風偃草之易也**上不節心則下多逸志**大學曰一人貪戾一國作亂漢書有曰宮中好高髻城外高一尺又荀子曰上好貪利則臣下百吏乘是而侵鄙豐取刻與以無度取於人亦此之義也逸言其肆逸也**君不約己而禁人爲非是猶惡火**

之燃添薪望其止焰盆池之濁撓浪欲止其流不可得也孔子曰君子有諸己而後求諸人無諸己而後非諸人是也言君子當修身約己以化天下若不能修身約己而欲禁民爲非者正如嫌惡火之然復益柴薪而望遏止其焰不燔盆池之濁而復擾其浪欲遏止其流不渾豈不愚哉莫若先正其身則人不言而化矣孔子曰其身正不令而行其身不正雖令不從人君能先正其身以率下故不言而信不教而化矣

閱武第十一

閱簡也武兵事也左傳曰戡亂曰武古者明王雖享隆平之時亦未嘗不閱武以備不虞故周禮大司馬以中春教振旅中夏教茇舍中秋教治兵中冬教大閱大閱者前期羣吏戒衆庶修戰法也謂修戰法既成專使大司馬掌之有賊賢害民者則伐之暴內陵外者則壇之野荒民散者則削之負

固不服者則侵之賊殺其親者則正之放弑其君
者則殘之犯令陵政者則杜之外內亂鳥獸行者
則滅之故諸侯聽命蠻夷賓服
也壇音善與墠同廢蟬之地也
夫兵甲者國之凶器也通元眞經云善治國者不變其
故不易其常夫怨者逆德也兵
者凶器也爭者人之所亂也陰謀逆德好用凶器治人
之亂逆之至也謂授民以凶之器納民於事之危故號
凶
器土地雖廣好戰則人彫邦國雖安亟戰則人殆漢書
主父
偃曰國雖大好戰必亡天下雖安忘戰必危
此之謂也好樂也彫殘也亟急也殆危也彫非保全
之術殆非擬寇之方劉子曰彫非保全之術殆非擬寇
之方其辭義大同言窮兵黷武人
民凋喪而欲保全不其難乎上下危
殆盜賊蜂起而欲擬彊亦莫得也不可以全除不可
以常用老子曰師之所處荆棘生焉故不可常用也且
兵者守國之備故不可全除也故左傳曰不備

不虞不足師也**故農隙講武習威儀也**左傳曰三年治兵辨等列也春蒐夏苗秋獮冬狩皆於農隙以講事也三年而治兵入而振旅歸而飲至以數軍實昭文章明貴賤辨等列順少長習威儀也蒐苗獮狩四時之獵名也蓋古之兵賦出於農故講武於農之四時間隙以翼天下之威儀也至三年大訓治其兵事辨其等第行列坐作進退也**是以句踐軾蛙卒成霸業**按吳越春秋越王句踐將伐吳自謂未能得士之死力道見鼃張腹而怒將有戰爭之氣即為之軾其士卒有問於王曰君何為敬鼃而為之軾句踐曰吾思士卒之怒久矣而未有稱吾意者今鼃蟲無知之物見敵而有怒氣故為之軾於是軍士聞之莫不懷心樂死人致其命軾尸子作式劉子作揖式猶敬也式車之橫木句踐見蛙而俯憑車橫木以敬之論語凶服者式之是已**徐偃棄武遂以喪邦**劉向說苑曰王孫厲謂楚文王曰王若徐偃王好行仁義之道漢東諸侯三十二國盡服矣王若不伐楚必事徐王曰若信有道不可伐對曰大之伐小

彊之伐弱猶大魚之吞小魚也若虎之食豚也惡有其理文王遂興師伐徐踐之徐偃王將死曰吾修於文德而不明武備好行仁義之道而不知詐人之術徐偃王將死曰古之王者其有備乎徐偃王周穆王時諸侯也又尸子曰徐偃王有筋而無骨故騆號偃○按說苑術作心又史記裴駰集解引尸子文下有騆謂號偃由此句注作故騆號偃誤**何則越習其威**句踐習衍其兵威**徐忘其備**徐偃王忘失其武備**孔子曰不教人戰是謂棄之**上闕以字引孔子之言以證之也言不預教練其民卒驅之以赴敵是猶委棄之也又孫子兵法曰兵甲不堅器械不精練習不熟是以其卒與敵也與亦猶棄也**故知弧矢之威以利天下**易繫辭曰弦木爲弧剡木爲矢弧矢之利以威天下蓋取諸睽弧弓也矢箭也世本曰黃帝臣揮作弓牟夷作矢**此用兵之機也**機要也言此乃謂用兵旅之機要也

崇文第十二

崇尊也重也左傳曰經緯天地曰文夫天以文而化地以文而生人以文而會國以文而建王以文而治天下以文而安反是則不得其正矣蓋文者乃三才事物中和之氣也以孝悌忠信仁義禮智廣充之天理存焉非絺章繡句華浮藻麗之文而已如其崇重絺章繡句華浮藻麗之文是爲晉成帝梁武帝李後主矣

夫功成設樂春秋晉文公敗楚于城濮傳曰振旅愷以入于晉周禮大司樂曰王師大獻則令奏凱樂注云大獻捷于祖凱樂以軍之功成之樂故獻于祖也樂音岳

治定制禮天下草昧未及于制禮天下既平非禮則不服記曰禮者可服天下也漢高祖得天下命叔孫通定朝儀之禮禮成自諸侯王以下莫不震恐肅敬於是高帝曰吾乃今日知爲皇帝之貴也又記曰王者功成作樂治定制禮

禮樂

之興以儒爲本儒柔也司馬相如傳注有道術曰儒孔子曰女爲君子儒無爲小人儒又通天地人三才曰儒夫禮與樂固從儒士之所興也惟君子儒可興禮樂矣何謂君子儒眞儒是已左傳曰用眞儒則無敵於天下豈唯興禮樂哉宏風導俗莫尚於文尚加也宏廣風化導引習俗無加於文術學記曰君子欲化民成俗其必由學乎敷教訓人莫善於學善大也敷宣政教訓誨人民無大于學校學記曰雖有至道弗學不知其善因文而隆道假學以光身因由也假藉也由以文術可興隆道德藉以學習可光顯身名劉子曰未有不因學以鑒道不假學以光身者也言不藉于學習何以得光顯其身耳不臨深谿不知地之厚不游文翰不識智之源荀子曰君子博學而日三省乎己則知明而行無過矣故不登高山不知天之高也不臨深谿不知地之厚也不聞先王之遺言不知學問之大也即此義也源謂本源也然則質蘊

吳竿非笴羽不美質形也蘊積也吳國名竿竹也言吳
地有竹形端直堪作矢然無藉笴翎
焉足成用笴是著弦處子華子曰疾如箭之脫笴又劉
子曰故吳竿質勁非笴羽而不美卽此謂也　笴音笴
翎○按笴首性懷辨慧非積學不成董仲舒曰性者生之質
也天之理也懷蘊也辨
明也慧解也言人雖蘊懷明辨慧解之靈性無學終不
能大成劉子曰人性譞慧非積學而不成其義一耳
譞許元
切辨也是以建明堂禮含文嘉曰明堂所以通神靈感
天地正四時出教令崇有德章有
道
也立辟雍辟明也雍和也以明和爲名化道天下之人
使之成士又辟者圓璧也雍之以水圓而象
天於陽德之施行取流無極使學者進德而不已亦所
以明和政教之至也又五經通義曰天子立辟雍者何
所以行禮樂宣德化教導天下之人使爲士
天子養三老事五更與諸侯行禮之處也博覽百家
謂諸子百
家之書精研六藝精至也研窮也六藝
謂禮樂射御書數端拱而知天

下無爲而鑒古今端拱謂端嚴而拱斂其手無爲謂無所營治天下自安矣此用文之致也飛英聲騰茂實光於不朽者其唯學乎封禪文云俾萬世得激清流揚微波蜚英聲騰茂實前聖所以永保鴻名而常爲稱首者也蜚與飛同揚也騰傳也言能飛揚英美之聲名騰傳茂實之德光耀無盡者惟學聖人之道耳此文術也此乃是文藝儒術之道也斯二者遞爲國用斯二者文武之事也遞更也猶言更相爲國家之切用至若長氣亘地成敗定乎鋒端言兵妖之長氣徧地也亘古鄧反遍也巨浪滔天興亡決乎一陣滔漫也滔天猶言漫天也巨浪言天下鼎沸大亂巨大也當此之際則貴干戈書曰敵乃干鍜乃戈又曰稱爾戈比爾干干盾也方言云自關而東或謂之瞂或謂之干關西謂之盾郭璞曰干杆也戈平頭戟也而賤庠序禮記曰古之教者家有塾黨有庠術有序國有學又庠者有虞

氏之學名養老之宮也大學爲上庠小學爲下庠庠言養也所以養賢德也序者夏后氏之學名大學爲東序小學爲西序序次也以次序先王之道而學之也及乎海嶽既晏波塵已清天下既定則海水不波塵不起故云清晏兵偃七德之餘威左傳曰武有七德一日禁暴二日戢兵三日保大四日定功五日安民六日和衆七日豐財偃者息也臥也天下既定示不用也敷九功之大化書曰九功惟敘九敘惟歌注云六府三事之功有次序皆可歌樂乃德政之致六府謂水火金木土穀三事謂正德利用厚生正德以率下利用以阜財厚生以養民也當此之際則輕甲胄在身曰甲在頭曰胄而重詩書詩謂雅頌之詩非尋章摘句之詩也書謂上古聖賢所遺之書非句抹繡寫之書也是知文武二途捨一不可非文不治非武不定故定之以武守之以文夫文德者帝王之利器威武者文德之輔助也文之所加者深武之所服者大故闕一不可與時

優劣各有其宜時亂則尚武時平則尚文文武之任各要合其時事之宜武士儒人武藝忠勇之士儒學賢德之人焉可廢也二者不可偏廢也此十二條者帝王之大綱也書曰若網在綱綱者網之總也言上項十二事者是爲帝王大畧之綱領安危興廢咸在茲焉咸總也言安平危亂興起廢墜總在於此古人有云非知之難惟行之不易行之可勉惟終實難此商書說命之辭也說拜稽首曰非知之艱行之惟艱言知之易行之難以勉勸高宗克終於善道也是以暴亂之君非獨明於惡路言暴虐荒亂之君不是獨知行惡之人也聖哲之主非獨見於善途言聖明哲智之主不是獨見行善之途也良由大道遠而難遵孟子曰夫道若大路然豈難知哉人病不求耳子歸而求之有餘師以此思之何遠之有遵循行也

邪徑近而易踐老子曰大道甚夷而人好逕逕者小路也故云易踐履也小人俯從其易不得力行其難故禍敗及之東萊先生曰始遇其易即以易爲常以易爲常禍之門也君子勞處其難不能力居其易故福慶流之東萊先生曰先遇其難必以難爲常以難爲常福之階也故知禍福無門惟人所召左傳閔子馬曰禍福無門惟人所召又易曰積善之家必有餘慶積不善之家必有餘殃此豈非人自召乎欲悔非于既往孔子曰既往不咎又國策有曰見兔而顧犬未爲晚也亡羊而補牢未爲遲也以往非違之事雖悔何及是不可悔也惟慎禍于將來易之坤初六曰履霜堅冰至象曰履霜堅冰陰始凝也馴致其道至堅冰也此聖人防漸慮微慎終于始之大戒也故君子治未病不治已病治未亂不治已亂也將來未來也當擇哲主爲師毋以吾爲前鑒蜀志先主語其子曰

勿以惡小而爲之勿以善小而不爲惟賢惟德可以服
人汝父德薄不可效也是以太宗得此義故以自貶抑
而諭太子汝當可選上古聖哲之主爲師範勿 取法于
用我之所行以爲鑒戒 毋音無禁止之辭
上僅得爲中取法于中故爲其下 孔子曰取法于天而則之斯爲其上顔孟
取法于孔子而近之纔得其中後儒取于顔孟而速之
則爲其下矣既爲其下何足法乎爲儒者當取法孔子
顔子孟子爲君者當取法于堯舜文王 自非上德不可效焉 非有高上大德之君不足
慕耳 吾在位以來所制多矣 言我自登君位以來從前至今制作多矣 奇麗服
翫錦繡珠玉不絕于前此非防欲也 自貶其奢也防戒也 雕楹刻
桷 春秋莊公二十三年秋丹桓宮楹二十四年春刻桓
宮桷左傳曰皆非禮也御孫諫曰臣聞之儉德之共
也侈惡之大也先君有共德而君納諸大惡無乃
不可乎楹柱也桷椽也字林曰齊魯謂榱爲桷 高臺

深池毋興其役役謂工役役煩其民也此非儉志也自貶侈也其犬馬鷹鶻無遠必致此非節心也自貶其荒也制節也數有行幸以亟勞人此非屈己也自貶其游田也屈曲也又抑也數所角切言頻煩也斯事者吾之深過此等之事乃我平日之大過錯勿以茲爲是而後法焉毋以此等之事以爲後之法度從而效之耳但我濟育蒼生其益多蒼生謂萬物蒼蒼然之生又庶衆小民也濟救也育養也益利也言我除隋之荒亂救濟育養利益人民甚衆平定寰宇其功大言我平治定安天下爲民除害其功勞甚大益多損少人不怨也怨咎也功大過微德未虧虧妨也然猶之盡美之蹤於焉多媿盡善之道顧此懷慚魯論曰子謂韶盡美矣又盡善也謂武盡美矣未盡善也言我雖平定寰宇治